社会文化研究

社会文化研究・第22号
2020年3月

《目次》

■特集　若者と社会連帯

特集の趣旨

若者の社会的排除と孤立の問題が指摘されるようになって久しいが、同時に二〇〇〇年代以降には、労働・貧困問題や原発・安保法をめぐる問題など、若者たち自身の手による社会運動も、さまざまなかたちで展開されるようになってきている。一見、対極にも見えるこの若者像を、私たちはどのように捉えることができるのか。そこで本特集では、「社会連帯」という語を用い、それと若者の実情とをつなげて論じてみたい。

雇用の不安定化や貧困化などに即して「社会の被害者」として扱われたり、あるいは社会運動や地域づくり・起業などで「次代をひらく希望」としてもてはやされたり、その一方で「若者の保守化」を憂う声が広がってみたり、「若者」をめぐる言説状況は今も昔も盛んであり、統一されたものにはなっていない。そういった言説状況からうかがえるのは、世間の関心は「若者のリアルな姿」にあるというよりも、その時々の社会を映し出す鏡としての「若者像」であり、実のところ、自分たちも今・そこに生きている社会に対する批評や願望に他ならない。雇用や貧困、孤立や排除の問題は、けっして若者固有の課題ではなく、貧困や格差・社会的孤立などはむしろ高齢者の方が深刻な状況が広がっていたりもする。しかし、「自分たちの問題」としてそのことを自覚し語るのは痛みが伴うという側面や、「大人の問題」に対する諦めやその裏返しとしての未来への希望という側面などから、他者としての「若者」を語りの素材に据えておく、というメカニズムが働いているようにも思われる。

そもそも、「若者」というかたちで一定の統一的な像を想定できるのか、ということ自体が大きな論争点にもなりうる。生活スタイルや消費行動などの選択肢が限られていた時代ならまだしも、ライフコースの分岐や趣味・嗜好の多様さ、情報化の進展などに伴い、たとえ同じ年齢段階にあったとしても、まったく異なる社会文化状況に生きているということはむしろ常態化しており、「若者」という括りは大雑把に過ぎるというのが、社会科学における基本前提となるだろう。とはいえ、「社会の中心」に位置していない者（異質な他者）としての現在地、そして望むと望まざるとにかかわらず、やがて社会の中心へと推移していく（はずの）者として社会の将来像を託された存在として、雑多に語られてきた「若者」像を批判的にとらえ返し、リアルな現実とのズレとその展開可能性を探るという作業は、大きな課題として残されている。

そういった問題意識を踏まえつつ、本特集では、同一テーマを扱った社会文化学会第二二回全国大会全体シンポジウムで報告された中西新太郎氏に対するインタビュー、富永京子氏による論稿、サブシンポジウム「地域にねざした〝連帯〟」で報告された「暮らしづくりネットワーク北芝」の活動報告を集めた。中西氏は、若者研究の第一人者であり、上記問題意識に連なるかたちで、社会に広がる「若者」言説を分析するとともに、若者の生活現実のなかにある社会展望のありかをさまざまなかたちで探究されている。本特集の問題意識に連なる内容をまとめた『若者は社会を変えられるか』という著書が二〇一九年に刊行されたことを受け、その著書に込めた想いを語っていただいた。富永氏は、ここ数年のうちに注目されるようになった「若者の社会運動」およびその担い手について、社会状況の変容、とりわけ消費社会化の浸透と絡めて論じている。若者の社会運動をはじめ、何かしらの活動に対する言説は、どうしてもその新奇性や表層的な特長ばかりに目が向けられがちだが、それを担い手自身が生きてきた社会現実と結びつけ、歴史的な流れの中で位置づけていくという作業は、とりわけ浮ついた議論になりがちな若者研究において、不可欠な作業といえる。さらに簗瀬氏による「暮らしづくりネットワーク北芝」（以下、「北芝」）の活動報告は、実践ベースで展開される「若者と社会連帯」の実情を描き出している。若者の社会的排除・孤立の問題が可視化されるようになって以降、さまざまな支援が展開されるようになっているが、なかでも北芝の活動を特徴づけているのは、「若者」だけを対象にするのではなく、あくまで対象は「地域」に据えられ、その地域づくりの営みのなかに若者も参与している、という部分である。そこでは、若者は「支援の対象」ではなく「ともに活動をする同志」であり、「この地域に生きる者」同士の世代を超えた連帯が築かれている。

それ以外にも、「若者と社会連帯」を軸に検討すべき事項・課題は無数に想定されるが、本特集がその契機の一端となれば幸いである。

（南出吉祥）

■特集　若者と社会連帯

〔インタビュー〕中西新太郎「若者の生活現実と〝政治〟への回路」

聞き手　南出吉祥、早坂めぐみ

一　『若者は社会を変えられるか？』で提起した論点

――昨年の社会文化学会全国大会での全体シンポジウムでは、『もうこの社会では生きてゆけない』という出口」という報告タイトルだったんですが、今回出版されたのは『若者は社会を変えられるか？』（中西新太郎著、かもがわ出版、二〇一九年）ということで、かなりトーンが違っています。そのあたりの違いはどういったところにあるのでしょうか？

「声を上げる若者」と「動けない若者」との両側面をどう描けるか

シンポジウムでは、「死にたい」とか「生きづらい」とつぶやく若者たちの現実と社会運動とのつながりを考えてほしいという依頼だったので、そういうタイトルにしました。今回の本は、安保法制に反対するSEALDsなど若い人たちの運動をどう受け止めるかという問題関心から始まっているので、それに沿ったタイトルにしています。SEALDsがなぜあれだけ目立ったのかというと、国会前で自分たちの主張を公然と行なったからなんですが、その部分だけが突出して受け止められています。特にクローズアップされたのは、安保法制という極めつけの政治課題に若者たちが反応し行動したことですが、彼ら彼女らが言いたかったことは、それだけに尽きないわけで、その部分を意識して書きました。

「若者の社会運動」というと、どうしても大人の目に映りやすい「政治的な運動」が意識されると思うのですが、他方でそう簡単に身動きが取れない若者たちもたくさんいて、彼ら彼女らは、「病理的な問題」とか「救済の対象」として捉えられ、いわゆる「社会運動」とはあまり縁がない存在とみなされ扱われています。南出さんもいろいろかかわっておられますが、いわゆる「若者支援」の現場は、単なる「救済」の場ではないことも確かですし、それを明確にした活動もあるにはあるんだけれども、やはりそれでも、政治や社会運動とは切れていますす。これはすごく大きな問題だと思うんですけど、NPOやボランティアで取り組まれている若者支援や自立支援の活動で、「自立」の中身として、政治的・社会的自立の問題はほとんど意識されていないのではないでしょうか。

突出して注目された若者たちの発信という部分と、政治的自立が果たせていない若者たちの実態という部分との両側面をどのように捉え、「若者が社会とかかわっていく」ということの全体像を描いていけるのか。それがこの本で提起している論点の一つです。

「若者は政治に関心がない」という偏見を超え出ていくこと

そしてもう一つは、「若者の問題」というと、どうしても若者の「能力」とか「パフォーマンス」に焦点が当てられがちになります。たとえば一八歳で選挙権が与えられたとしても、ろくに教育も受けてないし、政治的な知識を得られるような環境もないし、準備がないところで「投票しろ」と言われても困る、そう若者たちは言うんですよね。若者の能力とかパフォーマンスではなくて、彼ら彼女らが社会の一員として、政治的にも行動できる機会や条件を、社会の側がどのように保障しているのか・いないのか。そのことが非常に大きな問題です。現在では小学校から大学まで、そういった環境はとても貧弱で、むしろ抑えつけられているという方が実態に近い。本のなかでも少し触れているんですが、規範意識をどうやって身に着けさせるかという課題を文科省が言いだし、この一〇年以上、教育課題に据えられ、規範意識を植えつける教育が進められてきました。道徳教科書の徳目から高校の「公共」科目にいたるまで、この方向が貫かれています。同時に、一八歳選挙権の実施にともなう政治教育の必要が言われ、政治・社会運動の側にも、若者の政治参加に期待する声もやはり根強くあります。「ルールを守れ」ということ(基本的な日常生活における統制)と、「政治に参加しろ」ということが、それぞれ違う形で要請されているんですが、その両者の間に著しい乖離がある状況です。

こういう乖離が進んでしまう前提として、大人の側は、若者たちが社会の一員として正当に認められていない現状をあまりよく分かっていないんじゃないかと思います。「子どもの権利条約」もあるので、子どもの意思を尊重すべき、受け止めるべきという認識が、少なくとも社会のタテマエとしてあるとはいえ、その理念は現実社会において実効的でもないし、理念を実現する機会も保障されていない。そういった事態があるにもかかわらず、かつて社会運動をやっていた大人たちからは、「なんで若者は声を上げないんだ」「なぜ大学生はもっと頑張らないんだ」という意見が出てきたりもする。現実はかなり変化してきているのに、「若者であれば、社会の問題に目を向け、考え、主張し行動するのは本来の姿だ」という原型イメージがあり、そこから抜け切れていない問題があり、それは間違いだということを伝えたい。本のなかでも、モノが言えない空気だとか、秩序が強められている教育だとか、そういう実態を描いています。

SEALDsのスピーチのなかで、毎日の暮らしで交わされる話題、ファッションや趣味の話をするように政治の話もできなければおかしい、という主張があちこちで出てきます。たしかに、ああやって国会前ではスピーチできるけど、大学に戻ったらそう簡単には言えないという現実があり、その現実をきちんと大人たちにも伝えていかなければならない。政治にかかわることの難しさ・困難をどうやって突破していけるのかを考え、そのことを問題にして主張しているのです。若者たちがぶつかっているそういう困難は、「政治的関心がない」とか能力不足に由来する問題ではないことをはっきりさせたい。それが二つ目の提起です。

日常と政治をつなぐ──「政治」の意味合いの拡張

あともう一つ、「支援の対象」とみなされてしまうさまざまな困難・生きづらさ、「死にたい」という想いなどをどう受け止めるか。そこで中心になっている悩みや問題は、決して私的な問題に止まるのではなく社会的な広がりをもっています。フェミニズム運動が出てきたときに、「個人的なことは政治的なこと」というテーゼが掲げられましたが、そういうつながりは今の若い世代が経験する社会生活からは失われ、意識されづらくなっています。たとえば、「カレシカノジョの関係」で生じている問題のなかには社会的な次元や政治的主題が潜んでいるのだけれども、そのことが意識されづらい状況が広がっています。自身が感じている「生きづらさ」が社会と繋がっていくための回路になるんだということ、「日常生活」と「社会的・政治的な問題」との断絶を突破していくこと、そのことが問われているように思います。

たとえばひきこもりの問題では、「支援」を成り立たせるための活動というだけでなく、若者たちが社会生活を自分たちで組み立てていくために、社会・政治の枠組み自体を変えていかねばならないという課題もあります。ひきこもりから脱して出ていく社会はどういったところなのかという点にも目を向け、社会に対して働きかけていく必要があります。「若者の問題」を問う際には、若者たちが生きるこの社会をどう変えていくのかという問題も必ずついてきます。

そこには、「自立」の捉えられ方もかかわっていて、自立の課題から「政治的な主題」が抜け落ちがちになるという問題があります。『若者は社会を変えられるか』では、この点も問題提起しています。「政治」というと、選挙権を行使するという部分に矮小化されがちだけど、政治的なアクションの範囲はもっとずっと広い。政治的行動、社会活動は本来もっと厚みがあるはずなのに、日本ではそういう視点が弱く、活動も貧弱です。他国に比べても「社会参加指標」が極めて低い。社会参加する・しないという意欲の有無以前に、「そもそもできない」ような構造があって、その構造は政治的なかたちでつくられてきます。その問題に気づき、そこを突破していくための手立てとして、ここでは「民主主義」という言葉を使っています。若者たちにとっては多分大嫌いなコトバでもあるんですが、本来の民主主義の意味を「取り戻す」、自分たちが生きるために必要な構えとかあり方として捉え直していくという課題を立てたかったからです。

日常と政治をつなげるという課題に対し、最近では「Me too運動」とかも出てきましたが、それはまだ限られた領域での話にしかなっていない。もっと広い日常生活の領域のなかで、政治的な主題・政治的な性格をもった問題がたくさん潜んでいます。その性格をはっきりさせるという課題があり、そのためには課題を政治の舞台に載せるための回路がないとダメで、それを考えなければならない、というのが三つ目の提起になります。

二 モノが言える場をつくる──「民主主義」の復権

「ケアの社会理論」という視座

──『若者は社会を変えられるか？』は、以前出された『人が人のなかで生きてゆくこと』（中西新太郎著、はるか書房、二〇一五年）という本と、見事に好対照をなしているというか、まさに地続きかつ表裏一体のテーマが描かれてるなと思いました。支援の現場では、「若者たちの声を聴く」ということは強調されるんですが、そのことが政治的な次元での「声を上げる」ということとほとんどつながっていないという問題があります。どちらも同じはずなのに、全然つながっていないという違和感があったんですが、『人が〜』の本ではそこが見事に連動していて、「支援の現場」で生起している実態と社会形成の課題とをつなげています。それに対して『若者は〜』の方では、逆に政治・社会運動の側から入っていって、実はそれは日常的な生きづらさやつぶやきとも重なっているんだということが見えてくる構図になっているように思います。

言われるとおりで、支援の場はケアの領域と考えられ扱われて、支援がかかわる課題は社会問題であるにもかかわらず、問題の政治性は視野外におかれがちです。一人ひとりが抱える特定の困難に対処する、つまり臨床という実践的性格を支援が帯びていることが背景にあるとは思いますが、だからといって問題の政治性を無視はできません。「ケアの社会理論」という概念はこの点を意識した用語だと思います。「ケアする―される」という関係次元での社会的営みを、社会的な枠組みやポリティクスの問題としても捉え直していくために社会理論という言葉が使われています。近年では、この視点を組みこんだ検討も少しずつ広がってきていて、当事者研究はその代表的例でしょう。「支援される側」としてだけ対象化されてきた人たちが発信者となり、困難と社会との関係を問い直していく提起がされるようになってきました。しかし、社会全体から見れば「ケア」は一つの限られた実践領域で、その領域内でいかに当事者たちの自主性を活かすかという範囲でしか当事者の発信も受けとられていないことが多い。そこでとどまっている限りは「社会理論」にはなり得なくて、「ケアの領域で生じている問題が社会をどう変えていくのか」という観点がなければならない。

『人が人のなかで生きていくこと』は、そこに主題を当てて考えました。今回の本では「政治」という実践領域を対象に据え、従来の「政治」の狭い枠組みをいかに広げて掴まえていくか検討しています。一人ひとりを「政治的な存在」として自然に掴まえ直していける手掛かり・可能性はどこにあるのかを考えたいと思い、まとめました。

SEALDsメンバーの主張は、もちろん主張している内容も重要なんですが、同時にこうした「政治」の意味の拡張という文脈もかなり意識されているように思います。「若者が政治的な主張をするようになった」という受け止められ方だけでとどまっていては、社会のあり方は変わっていかないし、SEALDs活動への評価も一過性のブームでとどまってしまいます。半分そうなりかけている部分もありますが、それではいけないだろうという思いもあります。

社会運動における「つながりかた」

――その意味では、SEALDs以前のSASPLの活動なんかはより明瞭だったように思います。「特定秘密保護法」の問題に端を発している活動ではあるんですが、法律という主題以上に「モノが言いづらい風潮」に対する問題提起がとても鮮明だったように思います。

左派ポピュリズムという分類のされ方をすることがありますが、スペインの一五M運動、アメリカの「九九％運動」など、「新しい民主主義運動」に共通の傾向として捉えられるように思います。既存の運動スタイルを踏襲するだけでなく、自分たちにふさわしいやり方での活動を編み出すこと、そして同時に「自分たちが考える」「自由にモノが言える」という状態をどうやったらつくっていけるのかという課題への挑戦です。

それは安保法制反対運動に始まった話ではなく、たとえば教育基本法改悪の問題のころから、各大学で学生たちが同じような動きを見せていたりもしました。「教育基本法改悪」という具体的な課題があって、それについて考えていくことがまずは必要なんだけど、提起したいのはそれだけにとどまらない。そういった動きはずっとあったんじゃないかと思うんですが、なかなかその部分は受け止められないまま、そういう環境も用意されてこなかったんだと思います。

上の世代にありがちな「社会的な主題があれば、学生は勝手に自分たちで考え行動するものだ」という前提が、「なぜ若者は発言しないのか」というバッシングにもつながり、現在の若者が政治にかかわる上で欠かせない問題についての理解を邪魔してきたように思います。「そう簡単には言えない」「自分たちだけで集まる場自体がつくりづらい」という状況がまずあって、そういう状況を変えたい気持ちが若者たちのあいだにあることをみたい。面倒な思いまでして政治的な問題にかかわりたくないという強固な意識・感覚とせめぎあいながら、「おかしいと思ったらそれをもっと自由に表に出したい」という気持ちだってある。そこをみるのが必要だと思うのです。

AEQUITASの活動も、「最低賃金一五〇〇円」を目標に掲げていますが、それは最低賃金の問題だけをやっているのではなくて、「こういう問題があるから、みんなで一緒に考えてみない？」という投げかけ・呼びかけをして、一緒に集まれる場・回路をつくり出していくという問題意識があります。「集まれる場」「つながりかた」を編み出していくための社会運動という捉え方が必要なんだろうと思います。

「集まり方」という点にかかわるエピソードですが、社会運動における労働組合の「旗」が問題にされたこともありました。組合にとっては、「集団の一体性」を象徴するものとして組合旗があり、その旗があるからこそ参加できるという人たちがいます。他方で、そういった「集団」にコミットできていない人にとっては、その旗があることで、参加しづらくなってしまうという部分もある。その「集まり方」の差異が、運動の場面で表面化し、ケンカになったりすることもあると聞きました。これは単に方法論だけの話ではなく、民主主義のリアルなあり方の問題で、旗によって囲われた範疇での参加保障と、より広い文脈での参加の保障とをどのように両立させていけるのか。どうしたら、自分たちが自由に声を上げられる場をつくれるのか、そういった試行錯誤が各所で続けられているんだと思います。社会を成り立たせる民主主義の基盤には、「一緒にいられる場」が必要なんですが、それがどのような場であるのかは自明ではないし、自分たちで意図的につくっていかねばいけないという課題が、社会運動のいろいろな領域で自覚され模索されているように思います。

「民主主義」と「連帯」というコトバ

「モノが言える場・状況」は民主主義の土台として不可欠であり、その意味でこうした問題意識に立つさまざまな試みは、「民主主義を取り戻す」ための活動だと言えるのではないか。ただ、「民主主義」という言葉は、学校で無理やり意見を言わされる経験があったりもして、とても狭く理解され毛嫌いされてもいます。マイナスイメージを持たれるそうした民主主義は、若者たちの眼には、「その場で期待されている意見を言わせる」ための秩序やルールに映っているのかもしれません。形の上では民主主義であっても、実際には、大勢に従わせる圧力であり、抑圧的な作用にさえ感じられる。自分の思っている本当のことを言ったら、無視されたり関心を持ってくれなくなる危うさを抱えた状態では、そもそもモノが言えないというのが、民主主義社会といわれるこの社会についてのリアルな認識でしょう。

「みんな平等だ」と言いながらも、現実には不平等があるし、序列がある世界という矛盾を飲み込ませるための装置として「民主主義」が機能してしまっているので、まさに逆の意味を持たされてしまっています。にもかかわらず、「民主主義社会だから自由に発言してもいいよ」とだけ言われても、そんなことはフィクションであり、嘘に見えてしまう。それをひっくり返さなきゃいけないので、「民主主義」という言葉を使わない方がいいんですが、なかなかそれが意味する本来の内容に即した言葉が見つからないので、「取り戻す」という方向性で提起していくかたちになっています。

言葉というのは難しくて、ブレイディみかこさんは、「人民」という言葉を「地べたの人びと」と言い換えていますし、わたしは既存の「民主主義」イメージと差異化するために、「平場の民主主義」「民衆民主主義」などと呼んでいます。

――「民主主義への忌避」について、そうやって「言わされた」挙句、数の専制というか、「多数決＝数の横暴」だというイメージも強く抱かれているように思います。あるいは、今回の特集テーマでもある「連帯」という言葉も同様で、若い人たちにとっては「連帯責任」「連帯保証人」といった言葉がまず浮かんできて、統制の言葉として認識しています。

フランスで言ったら、「連帯」という理念は社会連帯主義の社会運動のなかで育てられてきた言葉なんですが、日本の場合には、自己責任論との絡みで二〇〇〇年前後に出されてきた「自助・共助・公助」論のなかでの「共助」に該当するものだと認識され、「自分たちでどうにかしろ」という自助努力の延長にある観念とされてきた文脈があります。社会的なサポートや枠組みとは切り離した形で展開される「共助」論が、「連帯」ということの実質上の中身にされかけてしまっています。震災のような場面でその問題が露骨に現れてきますが、日常生活の場面でも広範囲に広がっている感覚なんだろうと思います。

――「支え合い」という言葉がそれを象徴しているようにも思います。

そうですね。もともと「自由・平等・友愛」という近代の体制理念があり、友愛は連帯と重なっていて、具体的にイメージできる社会的結合を前提にしている言葉なんですが、日本語で「友愛」というと、社会的次元は捨象されて、「余裕があったら支える」「同情するから支える」というように理解されてしまう。そうではなくて、社会的結合というか、社会的に可視化できるつながりとして捉えていく必要があります。友愛や連帯は労働運動や社会運動と結びついているものであり、だからこそ社会的に可視化できる回路を持ちうる。逆に言えば、さまざまな社会運動の内に息づいている社会的結合のありようとして感知していくことが求められます。

北欧福祉国家では、公助の部分がかなりきちんと確立されているんですが、伝統的には「連帯」という部分がとても強くて、そこがあったからこそ福祉国家が確立され、公助が充実していったという経緯があります。そういう国家形成の回路が、日本の場合もないわけではなかったと思うんですが、とりわけ九〇年代後半以降、本来はパブリックなものと結びつかないと解決できないはずの問題や困難が、「自己責任」「家族責任」に引き寄せられていった結果、「無縁社会」と言われる現実が広がっていきました。「ネットカフェ難民」「若年女性の貧困」「行方不明の子ども」など、次々とその現実が露呈しています。秋葉原通り魔事件や相模原障がい者施設殺傷事件、川崎市登戸通り魔事件、京都アニメーション放火事件などども、そういう現実―日本社会の壊れ方の現れなんだろうと思います。

三　社会から突き付けられてくる要請

社会的事象とその背景にある構造問題

――そういう事件が起こるたびに、「特殊な出来事」として消費され、そこに通底する社会的課題・土壌には目が向かっていかないという問題もあります。あるいは、不登校・ひきこもり・ホームレス・虐待など、さまざまな「社会問題」が扱われ語られてはいるのですが、そこに共通する社会全体の課題のようなものが見えづらくなってしまうという問題もあります。何か特徴を捉えて括ることで、どんどん「少数派」がつくられていくけれども、実はそれらを合わせていけば、むしろみんな何かの「少数派」なのではないかと思ったりもするのですが。

個々の事情は当然あるでしょうが、その違いを踏まえた上で、当事者を排除していった社会の側の状況を見ていかないと、単に原因探しだけでは問題はけっして解決しない。それははっきりしています。「病理的な事件」が起きると、加害者は「何考えているか分からない不気味な存在」として扱われ、「怪物」（社会病質者）とされてしまう。日本の場合にも、そういった誘因はかなり強まっていて、「おかしい人間から社会を防衛する」という統制の議論があからさまに出現し始めています。

暴発的な事件やひきこもる人たちに対し、若い人たちの反応は二つに分かれ、「そういった行動に出てしまう気持ちもわかる」という反応と、「自分はこんなにきつくても我慢して頑張っているのに、そんなことをしてしまうのはおかしい」という反応との二極になりがちなんですが、それはそのまま社会の側からの目線と重なっていて、両者ともに、「頑張らなきゃ」と追い立てられている社会的現実のなかから発せられていたりもします。その問題自体を解決していくことが必要なんだけど、そこにはなかなか目が向けられず、行動に移してしまった人への攻撃だけで済まされてしまっている現実があります。

そういう極端にみえる事件でなくても、いまの社会にうまくのれない人がいて、そういう状態をもたらしている根拠、社会的な「根」があることに気づきにくい。学生はブラック企業に入ってしまうことを恐れ、そんな目に遭いたくないとみんな思っています。大半は、そう思いながらシューカツし、何とかやってゆこうと思う。でもいっそフリーランスの方が自由でいいかもしれないと思う学生もいます。政策が起業や副業の推進に動いているからなおさらです。フリーランスの実態はきびしいと言っても、じゃあ、パワハラやセクハラに耐え、いまの会社秩序の中で必死に頑張ればいいとは感じられない。どちらを選択してもうまくゆかず、困難を抱えた少数派の位置におかれてしまうかもしれない。なぜそんな状況が生まれるかというと、根っこは共通です。現在の理不尽で非人間的な「働き方」を生んでいる社会構造や制度・政策が、自分を含めた誰かを、特殊な問題を抱えた少数者に追いやるかもしれないからです。大半の人間は「普通」で「大丈夫」だから「あの人たちとはちがう」という理解はリアルではないのです。誰かを少数者にする社会的な「根」に眼を届かせる回路はどうすればつくれるのか。そこが大切なんだろうなと思います。

たとえば、ひきこもっている人の「社会復帰」についても、そういう回路を考えることはできるでしょう。週五時間だけ働くような働き方をつくっていくという試みと、新しい仕事をおこして少ない収入だけどもどうにか生活できていくようにするダウンシフターの追求とは、意外に近接しています。いまとちがう働き方をつくってゆくそんな模索にも、社会を変える可能性がある。もちろん、既存の組織のなかで状況を改善していくということもそこに含まれてくるでしょう。そうした試みが別々のことではなく、「社会の組み立て方を自分たちで考え、つくっていく」という部分でお互いがお互いを見ていけるようになるといいのかなと思いますね。

——そこに目を向けさせない力として、「現実を見ろ」とか「そんなこと言ってても仕方ない」という諦めを迫ってくる圧力があるかと思います。

そのとおりですね。たとえば、「貧困」の実態をつたえることが「こうなってはおしまいだ」という脅しに用いられている実情もあります。貧困が社会問題としてクローズアップされるようになり、それはそれで大事なことではあるんですが、一部メディアでは、実態暴露的な「消費の題材」として扱われるとともに、「ちゃんとしないとこうなってしまいますよ」というメッセージが仕向けられている状況もあります。貧困にまつわるトピックはさまざまな形で発信されていますが、貧困を生み出している自分たちの社会に眼を向けさせない言説は危ういと思います。

押し寄せる新たな「人材開発」の波

それと、社会から発せられる「人材開発」への要請が、教育にも大きく影響を及ぼしつつあります。世間では「AIに取って代わられない働き方」とか「ビッグデータを活用した個人情報管理」などが話題にされていますが、教育現場では、「規範意識の醸成」が叫ばれると同時に、「PISA型学力」「主体的・対話的で深い学び」などのスローガンが並び、今日の学校現場では、きわめて奇怪な状況が広がっています。それは、これからの労働力として何が期待されているかということを示しているんですが、かなり混沌としています。広い意味での人材開発の波は、大学とか社会に出ていく手前のところだけでなく、保育・幼児教育のところにまで下りてきていて、そういったなかで育ってくる子どもたちはどうなっていくのか、とても気になるところです。

——旧態依然の機械的な枠組みがまだ強固に残っている一方で、「アクティブ・ラーニング」みたいなことも言われるようになり、さらには「規範意識の醸成」といったものも求められ、現場はかなり混迷している状況になっていますし、その無秩序さゆえに、批判の仕方もすごく難しくなってきているように感じます。

実際には矛盾もあったりするので、政府が出してくる文章も冗長で読みづらくなっていますよね。道徳教育のなかでアクティブ・ラーニングが推奨されるのですが、「道徳教育のなかで規範を主体的に受け止めさせる」というのはどういうことかというと、「こういうルールがあるんだよ」という徳目を自ら内面化して積極的に自分の方からそれを獲得できるようにする手法です。そもそも矛盾しているんですよね。笑えない笑い話として驚いたのが、「学級会をＰＤＣＡサイクルで回します」というもの。意見を出し合い調整して物事を決めていく民主主義の場が、特定の課題遂行のための「業務」にさせられているわけで、訳が分からなくなっています。

そこでは、「主体性」の獲得が「ＰＤＣＡ」サイクルと密接に結びついていて、まず最初の「Ｐ」（プラン＝目標設定）については、どんな無理難題だったとしても、トップ（権威的秩序における上位者）が決めることになっていて、下はそれに従うしかない。投げかけられたＰに対して、下の者は「主体的に」実行していかねばならない。なので、主体的に目標を実行すべき子どもの側は、「言いたいこと言ってもいいよ」と言われたら、瞬時に「その場では何を言わなければならないか」という言葉に翻訳し、自身の主体を管理するシステムを作動させるようにする。主体的であるように見える態度・姿勢を示しながら、上の期待に応えていくという所作となって現れてきます。

一例ですが、大学で「文章を書く」科目を初年次教育でやっているところも増えているようです。自分の気持ちをそのまま表現するということができない場合があると聞きました。「思ったことを書いてごらん」といっても、その「思ったこと」というのがすでに難しい。「その場では何を考えねばならないのか」を探りつつ、「あたかも自分自身がそのように思っていたと分かるように示さねばならない」という課題を出されていることになり、フリーズしてしまう。それでは、狙いとしていた「思ったことを書く」とはほど遠い状態にあるわけで、教育をしようとすればするほど文章が書けなくなっていく。学生の能力の問題などではまったくない。だからこそ、その状態を崩していくための作業が、大学で改めて必要になってくる。「主体性を育む教育」が、むしろ主体性を奪っていく構図ですね。

管理と排除の横行と「やり過ごす」という所作

一方で、「ゼロトレ」（ゼロトレランス）という言葉も広く浸透していて、決められた秩序に乗らない子、乗れない子を排除していく手法が取られています。たとえば神奈川のある学校では、全クラスで忘れ物の統計を取っていると聞いたことがあります。それでクラスごとに競わされて、最下位になるとペナルティが課せられます。しょっちゅう忘れ物をしてしまう子がいるクラスは、いつも最下位になる。となると、「その子がいなくなればいい」という話になり、その子はクラスに居づらくなってしまう。そうやって排除される子が出る一方、生徒も教師もたとえ中身がないことであっても「やっている」という体裁をとるために「こなす」「やり過ごす」という所作ができてきて、そういったかたちで秩序が温存されていく構図ができていきます。このような話は、全国各地で山のように広がっているのではないでしょうか。

――その「やり過ごす」という部分もまた両義的な気がします。これだけしんどい状況に置かれると、「どうやり過ごすか」を考える方が手っ取り早いし、そもそもの枠組みに疑問を持てば持つほど苦しくなるし、大変になる。だから結局、枠組みは問われないまま温存されていく。

ただ、「やり過ごす」ということと、「社会は変えられる」ということとは両極にありますよね。一時点的ではありますが、一番省エネで済ませられるのが、「やり過ごす」という対処なので、どうしてもそこに流れていってしまい、現状が追認されていく…。

実際、そう簡単に変えられないからこそ、「変える」という発想が浮かばない。それは当然の反応で、生き延びていくための大事な術でもあるわけです。「やり過ごす」という処世術＝社会技法は、「今の状態がきつい」という内心の表れでもあるから、やり過ごす所作のなかにある「きつい」という部分を少しでもどう変えていけるのか、そういった手掛かり・やり方を考えないといけないと思います。「社会を変える」なんて言っても、それはものすごく大きな話になってしまい、そんなイメージも展望も持ち難いのが一般的な状況でしょう。しかし、「社会を変える」という時の「社会」として、日常生活のいろんな場面を切り取って構わないわけで、その切り取れる部分を「変えてゆける対象」としてつかまえ直すことは可能だと思います。

「やり過ごす」所作は、厳しい状況の下で我慢しながら生き続けることなのだけれど、そうしながら自分なりに楽になれる部分を見のがさずにとらえ変えていくということ。そういう問題に置き換えて「社会を変える」という一見大それた課題を身近に引き寄せてゆければいいと思うのですが。自分が手の届く範囲、考えられる範囲で、自分がより生きやすく、暮らしやすくしていける――そのための手立て、それがセルトーの言う「戦術」で、そういう戦術を周りの人とともに編みだし磨くこと。それを実現するために、どんなつながりをどのように築いてゆくかが戦略の一つで、それは「社会を変えていく」という目的に向けた出発点の一つにもなりうるのではないかと思います。

――この間、社会がいろいろ解体してくるなかで、実は「原点回帰」の動きも活性化しつつあるように思います。一時期、「若者の労働運動」が注目されて「新しい」とされていましたが、新しいというよりもむしろ、労働組合ってもともとそういうものだったよね、という原点回帰に過ぎないのではないかと思いました。それは社会運動や支援の現場でも同様で、活動がどんどん専門化し高度化していくなかで、実はこぼれ落ち切り捨てられていった側面があり、その必要性が今あらためて求められるようになってきているような気がします。

まさにその通りですよね。「人材」も含め、徹底的に開発を進めて社会を効率化し、狭い意味での「生産性」を上げるようにしていくという、市場化と結びついた仕組みじたいが、ある種の限界にきつつあるということなんだと思います。そうなると、それとはまた違った形を考えざるをえない状況になってきていて、そこから若い人たちが持っている意識や挑戦を捉え直していくことが必要なのではないかと思いますね。

四　自己責任論を超え出ていく回路を探る

「個人」をどう捉えるか
―自己責任論を呼び込む人間把握

――本のなかで「悪意」という言葉が繰り返し出てくるのですが、それは実感値としてもたくさんあって、自己防衛のためには不可避でありつつも、それは分断を生み出してしまう要因でもあるので、それをどう捉えていったらいいのか。それと同時に、自己責任論にどうしても囚われてしまうという状態があるなかで、それをどうやって解除していけばいいのか、そこから解き放たれたときに、どういった原理で人間を見ていったらいいのか？

「悪意」の表出を気にするようになったのは、ネット上の公然たる悪意の表明という現実問題もさることながら、ライトノベルを含めたポピュラーな文学作品に、濃淡の差はあれ、悪意の表象が頻出していると感じたからです。「社会文学」という視点があるのですが、それを援用して、現代日本での悪意の発露や受けとめられ方の特質を考えてみたいと思いました。「癒し」や「善意」の表象や言説が増えてきたのは九〇年代後半からで、新自由主義的な構造改革が日本社会を激しく揺り動かしてゆく時期と重なっています。「癒し」も「善意」も、「悪意」と表裏のものであって、善意／悪意という二分法で人の行動を判断していく意識のあり方そのものが、社会状況の下で育ってきたのだと考えています。

いとも簡単に他者に対して悪意を向けられる状況は、自己責任論と密接にかかわっていると思います。他者の悪意が自分に向けられたときさえも、「その悪意を誘発してしまった自分が悪い」と考えてしまう。そうやって責められるかもしれない存在として相手を見てしまう秩序内におかれているから、自己責任というイデオロギーが受容されやすいとも言える。「混んだ電車内に赤ん坊を乗せたベビーカーで乗りこむなよ」といった悪罵が通用してしまう、自己責任の追及競争は、明らかに、新自由主義的な社会の特徴だと思います。

ただし、自己責任という言葉自体は新しいと思うんですが、その根底にある人間像は、近代的個人観と深いかかわりがあります。近代社会では、個人は他者と区別された自律的存在であり、一定の能力を持っていることが前提にされていて、その個人が社会をつくっていくという図式みたいなものがあります。しかし、それは近代的個人観の一面に過ぎません。個人は他者と切り離されて存在しているわけではなくて、そういう見方が「連帯」とか「つながり」という社会形成原理の追求につながる。個人は一人だけでは生きられないという主張は、近代的人間像の一系譜として思想的にもずっと存在してきました。ただ、近代社会以降、「自由」などの概念をめぐっても、やはり「自律的個人」の範囲でのみ捉えられていくようになりました。竹内章郎さんの言葉で言えば「個体能力観」ですが、能力を持った個体という人間のイメージ・捉え方が主流になった。

そういった個人観を前提にすると、どうしても「それはお前の責任だ」という部分が出てくるわけです。司法の領域で「個人の責任」範囲をいかに確定するかという問題があります。精神障害があったりすると、責任が問われない場合があります。「個人」の範疇は曖昧で、はっきりしていない部分があります。哲学的にも「責任」という概念は曖昧で、責任を自明のものとして誰かに帰属させることは原理的には成り立たないという考え方も当然あります。「個人の責任」ということが仮に言えるとしても、それがどの範囲でどういう状態なのかということは、近代社会以降でも実ははっきりしていない。

しかし、「これはあなたの責任ですよ」という追及の言動が、この二〇～三〇年くらいの間にものすごく肥大化していくプロセスが進んできたんじゃないかと思います。背景にあるのは、新自由主義という思想があり、社会とのかかわりのなかにある個人を切り離して、個人のさまざまな社会的活動・意識を個体能力の側に還元していく体制を思想的に徹底して、政策的には「自立」という名で自己責任イデオロギーが広められていく。「共助」というのも実はそうなんですが、それが強調されていきます。

現実には、人間が「自己責任」として自分で処理する事柄はものすごく限られていて、たとえば「シャーペン忘れたからちょっと貸して」という場面で、友だちだったら「自己責任でしょ」「これは私のものだから」とは言わずに応じるでしょう。すべて自己責任で生活できるかというと、まったくそうではない。しかし、意識の上では自己責任という規範が中心に座ってしまっている。そういう規範意識と、実際にはそうはいかない現実との間の乖離・葛藤・矛盾みたいなものが表に出てくれば、「そう簡単に自己責任という枠組みだけでは済まない」という話が感覚のうえでは受け止められるはず。現実問題として、自己責任では処理していないことが身の回りにはたくさんあって、それをどこで発見するかという問題です。

自己責任に代わる原理の探索

――自己責任論に代わる原理をつくっていくというよりは、自分のなかにある「個人」だけにとどまらない側面を見出していくとか、「自己責任」として意識してきたことを問い直し続けていくことが大切だ、ということでしょうか？

もちろん、自己責任論に代わる原理はあると思います。もともと近代の「自由・平等・友愛」にしても、自由は「個人の自由」という部分にまず焦点が当てられていますが、個人の自由を実現する条件は社会的な地平を持っており、平等や友愛は人と人との関係ですよね。個人はもちろんいるけれども、そこに焦点が当たるのではなく、「つながり」という個々人が関係している次元に焦点が当てられているので、関係についての原理が実は存在している。そうでなければ、「なぜ友だちになるのか」という部分が見えてこない。

たとえば「人を好きになる」という恋愛にまつわる話で、これは関係についての原理にかかわる事柄のはずなので、「告る／告られる」（告白する／告白される）という形で「個人間の契約」の話にずらして理解しようとすると、うまくいかない。約束事で人間関係がすべて動いているかというと、まずそうはいかない。それは前回の本でも「人と人が出会うときの意外性」みたいな話をしましたが、人と人が出会う場面で生じること、それがおもしろいというか、理論的にも重要で解明すべき謎に溢れています。

「出会う」場面で何が起こっているのか、「コミュニケーション」は原理的にどうすれば、どういうときに成り立つのか等々、出会う場面の構造や動態について、文化人類学、認知心理学、精神医学、脳科学といった学問分野での検討が重ねられているようです。それは結局、「人間はどういう存在なのか」という問いにそれぞれの分野から迫ることだと思うのですが、個人を関係性から孤立させて捉える視点ではこの問いに答えられないのではないか。そうすると、「責任」観念の掴まえ方も当然変わってくる。薬物使用者に対するハームリダクションの議論（平井秀幸「ハームリダクションのダークサイドに関する社会学的考察・序説」、『当事者研究と専門知』金剛出版、二〇一八年所収）が示すように、自己責任論の政治的性格や社会的機能までも俎上に上せる視野が開けてゆく。焦点が当たっているのは結局、人と人との相互関係なんですよね。一緒にいるとはどういうことかをケアの場で解き明かそうとしている議論（東畑開人『居るのはつらいよ』医学書院、二〇一九年）もそうです。文化人類学者の木村大治さんが紹介している例（『共在感覚』京都大学学術出版会、二〇〇三年）ですが、「部屋のなかに居る」状態を「一緒に居る」と理解する日本のような社会もあれば、「隣の家に居る」状態も「一緒に居る」とみなす社会もある。一緒に居ることをどの範囲で人は認知するのか。それはすなわち、「つながり」の掴まえ方になっていきます。隣の家の人まで「一緒に居る」の範疇に入ってくるのだから、隣の家での会話を自分は一緒に聞いていることになる。こういう例に出会うと、自己責任論で想定する「自己」の範囲がいかに狭隘なものであるかがわかります。互いが居合わせる「場」に支えられて自己が立ち上がってくるということでしょうか。木村敏さんはこれを「あいだ」という概念を用いて説明しています。統合失調症の研究がベースにあるのですが、他の人の考えが自分の中に入ってきてしまい、自分と他者との区別がつかなくなってしまうという特有の状態について考え詰めてゆくと、個人と個人をばらしてその個人同士が話をする、かかわるという関係モデルではなく、人と人との「あいだ」が先にある関係のとらえ方に行き着くということなのです。

こうした探求は、いずれも、自律的個人を先行させる関係理解に疑義を呈しているのだと思います。個人の範囲の決め方にかんする常識的な考えは、実は、限定された狭い把握なのかもしれないと疑った方がよい。ひきこもり状態に「居る」人がひとりで苦しみぬく、パワハラを受けることで自分が自分でなくなってしまうほどの苦痛に襲われる（それがどんな状態か、津村記久子さんが、言葉でつたえられる極限的深さで描いています）―そうした「それぞれの孤立」がどのように社会的世界のあり方と不可分なのかも、そうした探求から明らかになるはずです。

目の前の若者たちの「リアル」との応答
――そうやっていろいろな知見を吸収しながらも、「外から持ってくる」というよりも、子ども・若者たちの日常のふとしたきっかけや振る舞いのなかにそれを読み取っていくというのが、中西さんがずっと一貫して大事にしている姿勢だと思っています。

それはやはり、若者たちが現に経験し生きている場に「あるもの」ですからね。今、ここにあるけど見えていないもの。でも、お互いが感じとってはいるもので、それが見えるか見えないかは、かかわり合いのすがたにとって大きな違いです。一見、個々人バラバラにされている場面であっても、互いに目配せして交流しているといった現実はたくさんあるわけで、ライトノベルはその探究をずっと続けているような部分があります。死者が主人公という設定がよく出てくるんですが、死んでると誰にもわからないのだから、コミュニケーション不能。そこでテーマになっているのは、「死者は他の人間とつながれるのか」ということ。死んでいるにもかかわらず、他の人間と何らかのかたちでつながる回路を掴んでいく過程を描く物語がたくさんあります。そうした作品世界は自分たちが生きる現実を反映しているのだと感じます。現実の生活によく目を凝らしてみると、互いの通じにくさを超えてゆこうとする営みはあちこちに存在しているのではないでしょうか。LINEスタンプの押し方一つとってみても、そういう試行錯誤が活きているんじゃないかと思います。ただし、同時に、それらの営みを「善意」という性格に一元化、単純化してはいけないので、「こうしなきゃいけない」「こうしないと自分が責められる」という文脈も入っていて、そこがせめぎ合いになっているんですよね。

――そのようなスタンスとかかわって、日々目の前の学生に対して、どのように接しているのでしょうか。たとえば学生自身、自己責任的な風潮が当たり前の社会で育ち、生きているわけで、それに対して論理的に「自己責任はおかしい」ということだけを伝えても、それ自体が自己責任論的枠組みで捉えられてしまい、「自己責任論に囚われてしまっている自分が悪い」となってしまったりもします。

「これだけ頑張ってきたのに」という個々人の自負もありますから、自己責任論はダメというと、自分の頑張りを否定された気分になったりもしますよね。現在勤務している大学では、親が自営業という学生が随分いて、ホワイトカラーが大半の大学とは印象がちがいます。地に足のついた感覚が見受けられる点で新鮮です。労働災害について話しをするときでも、労働者としてわが身に引きつける部分も、経営の後を継ぐ立場で、「こういうことに気を付けなきゃいけない」と学生が自覚的に学ぶ部分もあります。現実社会で生きてゆくのだという実感から、社会のリアリティをつたえて欲しいという要求があり、「自分がうまくやってゆきたい」という願望がある。「こうすればうまくいくよ」という話はできないんですが、働くことを前提にしたときに、そのなかで少しでも自分なりにやっていけるようになるためには、どんな方法があるのかが学生の興味の中心にあります。

さっきの話で言えば、「社会を変えられるか」ということよりは、「どうやったら社会をうまく潜り抜けていけるか」という部分を入口にして、潜り抜けていくためには、今の状態でただ「頑張る」だけでは難しいよ、という話をしていきます。アルバイト先で大変な思いをしている学生も多いんですが、それに対してルールを教えるだけでは意味がない。ルールを伝えたうえで、バイト先に言ってみたらどうなるか、どうなったかということまで追いかけ一緒に考えてゆきたい。

授業でそういう話をすると、実情についてたくさん質問が来て、それを次の週に答えていきます。多いときでは、一五〇人くらいの授業で五〇くらいの質問が出てきて、思わず目を疑うような現状もあったりします。その現実を潜り抜けていくためには、知識が必要だし、行動も必要になってくる。おもしろいのが、「ルールではっきりしている」ということが分かると、途端に強気になったりすること。これまでは、「ルール」に縛られる側でしんどい思いをしてきた人たちが、逆に「ルールを守れ」という側に回り、要求していく。それに対してどんな反応が返ってくるかということも含めて、丁寧に追いかけていくこと。授業科目の性格もありますが、授業をやっているというよりは、労働相談をやっているという気になることもありますね。

――あくまで若者たちの生活現実に内在しつつ、表面的な現象の背後にある社会の仕組みにも目を凝らし、「若者と社会」とをつないでいく回路をつくっていく。まさに中西さんの研究スタンスと一致する向き合い方ですね。

いろいろ閉塞感が高まる社会・政治状況ではありますが、「政治」や「民主主義」を狭い領域に閉じ込めることなく、日常的なやり取りのなかにその突破口を見出していくということ。その展開可能性の一端を学ばせていただいたように思います。ありがとうございました。

■特集　若者と社会連帯

「社会運動する若者」はどのように存在しうるのか？
――消費社会に「対抗」し、「やり過ごし」、「利用する」主体の運動――

富永京子

二〇一八年一二月の社会文化学会全国大会にて、「若者による社会運動」という主題での議論を要請された。

社会学者である山田真茂留は、一九六〇年代において「対抗の主体」だった若者が、一九八〇年代以降「消費の主体」へと転換したさまを論じた（山田二〇〇九）。例えば小谷敏は、こうした若者像を「政治に背を向けた」といった形容をしながら論じており（小谷一九九三）、現代社会論における「若者」像の定型として論じられるだろう。しかし経済構造が大きく変動した二〇〇〇年代以降の若者は、いわゆる「ロスジェネ」論壇に挙げられるような「貧困」や「不安定」、あるいは「社会的弱者」としての若者像（宮本二〇〇二）として変容した。

若者が「社会的弱者」へと変容した二〇〇〇年代以降、若年者がその当事者性を伴いながら行う運動は一定のプレゼンスを発揮してきた。例えば労働運動や反貧困運動、学費の値上げ反対や不安定雇用への抗議行動など枚挙に暇がない。一方で、それをめぐる年長者の目線が進化・発展しているかと言えば、必ずしもそうではない。では、どのような点においてズレが生じているのかというのが、本稿の問題意識である。

「若者は消費文化のもとで対抗性・批判性を失った」という前提と、一方でたびたび巻き起こる若者運動の興隆をどのように関連づけて理解すればいいのだろうか。これは、消費社会において成り立つ対抗性とはなんなのか、という問いを解き明かすものでもある。この問いに答えうる運動として消費者運動があり、また理論的には

「新しい社会運動」論（佐藤一九九九、『思想』七三七号など）がある。しかし、かつては消費社会の担い手として論じられた若者も、今や豊かとは言い難い存在である。本稿では、若者が消費社会の担い手でありながら対抗性をもつということは社会において何を意味するのかを、若者をとりまく社会変容とともに分析する。

一　先行研究――「若者の政治忌避」と「若者の社会運動」を両立させる論理

若者を社会運動や対抗の担い手としての性格を失った存在として捉える言説は、何も戦後や過去三〇年に限った話ではない。それを証明するのが、日本政治近代史における明治期の「青年運動」研究である（木村一九九八、和崎二〇一二、伊東二〇一九など）。

例えば木村直恵は、自由民権運動後、『国民之友』を創刊した青年たちが、それまでの「志士」や「壮士」といった呼ばれ方をする古いタイプの若者に対して、「青年」という新しい若者像を提示したと主張した。身体的なパフォーマンスを中心とする「壮士」的実践を対象化しながら、「青年」的主体は政治的活動への参加を差し控え、自己の〈内面〉に対する研鑽を第一の価値とする（木村一九九八：一二九）。その結果として、非政治的主体としての「青年」がまさに誕生し、生活の規律化、心身の鍛錬といった点が彼らの中で重要な課題になっていくのである。

さらにこうした「青年」像は外部からの構築物でもある。和崎光太郎の研究は〈青年〉を歴史的・社会的構築物として捉え、〈青年〉に内在する他者認識がいかなる要素からできているのかを解明する試みである（和崎二〇一二）。和崎の研究は明治二十年代・三十年代に〈青年〉を論じた論説・記事を対象としているが、当初「青年」概念は政治的・社会的存在としての未熟さを表し、修養を要する存在として説かれたのに対し、それが「青年期」という特定の時期として見なされ、「学生」という立場と結びつくことによって、生理的変化に基づく精神の変化として論じられていった。

しかし、その後においても社会運動を行う「青年」たちは存在した。それが伊東久智の研究した、明治末期・大正期における「院外青年」による運動である（伊東二〇一九)。ここでは、明治期の青年たちによって乗り越えられたとされる「壮士」的実践にも似た試みが描かれる。

木村、和崎が「修養」や「規律化・鍛錬」という概念を用いながら描いた、若者集団の内外において「非政治的主体としての若者」像が構築される過程と、その底流で少数ながら存在する、伊東が描いた「院外青年」たちの姿、という像は、そのまま社会学において「若者論」が重要な研究領域として取り上げられた一九七〇年以後も同様に当てはまる。

全共闘運動が過ぎ去った後で、一九七〇年代、『社会学評論』(日本社会学会)において「青年問題」特集が取り上げられ、その後若者論は社会学の重要な課題となっていった。そこで全共闘以後の若者は、「政治の季節」や「激突の時代」の後、「政治に背を向けた」(小谷一九九三)若者として論じられていた(片瀬二〇一五)。

一方で、消費社会華やかなりし時代においても、やはり社会運動は静かではあるものの進行していた。例えば安藤丈将はニューレフト運動の検討を通じて、当該の運動が一般に論じられるような過激派としての「新左翼」ではなく、ライフスタイルを通じた生活としての社会運動であることを明らかにした(安藤二〇一三)。また、外山恒一も、まさに「全共闘以後」という主題のもと、全国各地で行われた若者による社会運動をユニークな筆致で描き出しており、とりわけ「ドブネズミたちの反乱」と名付けられた一九八〇年代の運動は興味深い(外山二〇一八)。

それにもかかわらず、大多数の若者たちが「政治に背を向けた」とされた理由はどこにあるのだろうか。その手がかりとして、山田(二〇〇九)の若者論研究は非常に参考になる。〈若者文化〉の融解を主張する山田は、一九七〇・一九八〇年代に若者が「対抗の担い手」から「消費社会の担い手」へと移行したという議論を行う。また、片瀬一男は、この背景に教養主義の衰退や大学の大衆化が関わっていると指摘した(片瀬二〇一五:一四八)。

日本近代政治史、若者論の研究者らが明らかにしたように、自由民権運動であれ、全共闘運動であれ、大きな社会運動の後に、必ず若者(青年)たちは一旦「非政治化」したように見られる。その「非政治化」は、若者たち自身の営みが促進するものでもあれば、若者たちを取り巻く外界の眼差しによって構築されるものでもある。しかしその底流では、明治・大正期において伊東が、全共闘運動以降において安藤や外山が明らかにしたように、少数ながら、またメディアに大きく取り扱われないものの、社会運動に従事していた「若者」たちがいた。では、彼らはどのように「消費文化の担い手」であることと「対抗の担い手」であることを引き受けたのか。

二 消費と対抗という観点から

「消費を謳歌する主体」が「対抗性を持つ」というのはどういうことか。まさにこうした実態を分析するにあたって、社会運動論の中では「新しい社会運動」論がある。文化の崩壊と合理化による支配（生活世界の植民地化）に基づき、新しい社会運動論者たちは「社会運動」として分析の俎上に載せる対象を労働運動（階級闘争）から、豊かな社会における環境運動・女性運動・先住民運動・マイノリティをめぐる運動（生活の文法をめぐる闘争）へと拡大した。「人々はなぜ運動に参加するのか？」という問題意識のもと、社会運動参加者に共通する属性（女性、先住民、マイノリティ……）や問題関心（生活環境、公害、医療……）といった「集合的アイデンティティ」に着目したのである。労働運動・階級闘争を中心に論じられてきた社会運動の中で周辺化されてきた人々を担い手とし、それまで光を当てられてこなかった政治課題を扱うという意味でも重要な役割を担った（佐藤一九九九、Melucci 1985）。

外山の論じた一九八〇年代の「反管理教育」運動や反原発運動、また安藤の論じた、本来「新左翼運動」の根底をなすものとして位置づけられたライフスタイル型のニューレフト運動は、こうした「新しい社会運動」としての位置付けが強いものとして解釈されるだろう。両者の論じた運動は、集団としても運動の思想・性格としても大きく異なり、非常にラディカルなスタイルをとっている活動もあるが、その多くが「新しい社会運動」論において議論されたテクノクラート支配への対抗や、生活世界の植民地化に対して異議を唱えるタイプの行動であることに変わりはない。そうした意味で、消費社会の担い手であることは引き受けつつも、若者たちは自らの生活や学習の場を通じて、「豊かな社会」であるからこそ可能な社会の革新を行っていたということができる。

一九九〇年代にも、引き続き多様な形で社会運動が行われてきたことは外山（二〇一八）などを見れば明らかであるが、例えばその代表的なものに、一九九〇年代前半に発足された「だめ連」がある。当時社会でマジョリティとされた、会社での正規労働、結婚・出産、恋愛といったキャリアパスから逸脱せざるを得ず、社会的紐帯が構築できない人々のためのコミュニティを構築する活動である。会社で働かない（働けない）、家族を持たない（持てない）、異性とコミュニケーションしない（できない）という、「だめ人間」を自称／他称する若者たちが集まり、「お互い〝だめ〟をこじらせないように」「〝だめ〟は〝だめなり〟に生きていけるように」交流の場を創ろうという目的のもと発足されたコミュニティであり（だめ連一九九九）、社会的紐帯の形成を目的としている。「だめ連」は消費社会の担い手である若者たちが当然のように享受していた娯楽や文化、あるいは典型化された生き方のうち、それに適合できない人々が切り開くオルタナティブな生き方を提示するという意味では、一九七〇年代に見られたヒッピーカルチャーやコミューンとも近いところがある。しかし、彼らの行動は生活の全域にわたるものではなく、おしゃべりという「時間を無駄に使う他愛もないやりとり」（毛利二〇〇九：一六六）を活動の主軸に据えるものだ。だからこそ、「マス」に対する「カウンター」というよりはむしろ「ニッチ」なカルチャーという方が適切かもしれない。

一九九〇年代における若者たちの運動である「だめ連」は、「消費社会の担い手」に要求される態度や典型的なライフスタイルを拒否するという点で「消費社会の担い手」として求められる自身の存在や、同世代である「若者」たちの生き方と対抗していた。これは、一九七〇年代、一九八〇年代を通じて行われてきた若者運動ともそれほど変わらない点である。一方この時代にしかない特質もある。片瀬は、一九七〇年代においても現代においても「モラトリアム人間」の時代であることには変わりはないが、大きく異なる点として大学生の「留年率」があることを指摘する（片瀬二〇一五：一五二‐一五四）。

一九七〇年後半において一五％、一九八〇年代において一三％前後であった大学生の留年率（過年度卒業率）は、バブル経済が崩壊した一九九〇年代初頭以降においては一〇～一一％で推移している。この背景として片瀬は、一九七五年には国立大学三六、〇〇〇円、私立大学約平均一八二、六七七円であった学費が、一九八〇年には国立一八〇、〇〇〇円、私立平均三五五、一五六円であり、一九九一年には国立三七五、六〇〇円、私立平均六四一、六〇八円にまで上昇したことを示す（片瀬二〇一五：一五四）。

こうした学費の上昇に呼応するかのように、若者による運動も「新しい社会運動」としての性格を持つものから、労働運動や、（物質的な意味での）生存のための運動も数多く現れ出ることになる。

このような動きと同時に進行したのが、若者の「社会的弱者」化であった（宮本二〇〇二）。いわゆる「失われた二十年」の到来、若者の非正規化と、当時の若者たちに社会のしわ寄せが押し寄せる状況に対して、当時の若者たちは「ロスジェネ」論壇を通じて声をあげ、反貧困運動といった形で主張を行った（雨宮二〇一〇）。また集合行動としても「自由と生存の連帯メーデー」などが見られ、フリーター全般労組などによる運動は、橋口昌治による研究でもまとめられている（橋口二〇一一）。

二〇〇〇年代にみられた若者の社会運動は、路上に出るような性格の運動だけではない。東京・高円寺を中心に行われたコミュニティ活動「素人の乱」は、「だめ連」にみられるコミュニティ形成の運動の機能をさらに発展・拡大させたものと考えられるだろう。法政大学の諸改革に対する抗議行動団体「法政の貧乏くささを守る会」に従事していた松本哉が発足したこの活動は、高円寺のバーやリサイクルショップを活動の基点としながら、「家賃をタダにしろデモ」などの「マヌケ」な活動で一世を風靡した（松本二〇〇八）。「だめ連」とは人的な交流もあり、既存の働き方・生き方のオルタナティブを提示する点や、前向き・積極的に社会に働きかけるわけではない、「ニッチ」な立ち位置を共有している。福井孝宗は、だめ連が「働かない」という主張を掲げ、あくまでコミュニティ形成のみに専念できた理由は、時代をとりまく経済状況の豊かさにあると指摘している（福井二〇一二）が、一九九〇年代に比べ経済状況がはるかに悪化した二〇〇〇年代において、素人の乱が「事業」をベースとした運動となったのはある種必然であったのだろう。

二〇〇〇年代の若者たちは、どのように「消費社会の担い手」である自身を生きながら、対抗性を身につけていったと言えるだろうか。ここで興味深いのが、熊沢誠による過労死を主題とした事例とその分析である。熊沢も山田や小谷と同じく、基本的には一九八〇年代以降、消費社会が発達したという点を指摘する。このことが何を意味するかといえば、つまり労働運動をはじめ、社会運動・市民運動が不可視になってしまった社会において、若者たちは批判や対抗の文化を持たず、それを踏まえた上で、若者たちが労働世界に「無防備」で参入するという帰結になると熊沢は論じるのだ（熊沢二〇一〇＝二〇一八）。この分析を踏まえると、「消費者」のまま社会に突入した若者たちが、自身をめぐる経済状況・社会状況の苛烈さに対して止むに止まれず、改めて自らの力で対抗・協同の文化を形成しようとしたのが二〇〇〇年代の若者運動だと言えるだろうか。

一九九〇年代の「だめ連」に対して、二〇〇〇年代の若者による社会運動は、路上に出るタイプの「自由と生存の連帯メーデー」的なデモンストレーションや「素人の乱」のようなコミュニティ型の運動など、さらに多様さを増したと言える。これらの運動を、同時代に行われたというだけで一括りにまとめるのは難しいが、経済的には上の世代と同じような状況を享受できない「社会的弱者」「経済的弱者」としての立場に立ちつつも、表立って集合行動を行う、あるいはオルタナティブな経済圏を作り上げる、という選択のもとで行われた社会運動群だと言えるだろう。こうした社会運動の変容を指摘した毛利嘉孝（二〇〇九）は、「対抗文化」とはまた異なる「ストリートの思想」として新たな社会運動文化の芽生えを指摘した。さらに毛利は、社会運動に根付く「ストリートの思想」が、同時期に隆盛した「オタク的な文化」と最も対照的なものであると論じる。「オタク的な思想」が、いわゆるアニメやライトノベル、ゲームといったポップカルチャーを基盤としたものであるならば、「ストリートの思想」は音楽やファッション、あるいは料理や対話といった日常生活の体験を基にしているという（毛利二〇〇九：二五）。若者文化と名指される対象自体が大きく多様化するという時代認識自体は山田真茂留とそう変わりはないが、その一つから「対抗性」が噴出するという状況を毛利は示唆的に描いている。様々な実践家、批評家によって作り出された「思想」の一つとしてストリートの思想があり、そこでは日々の消費活動もまた生産的な活動として更新されている。毛利は、「だめ連」の「トーク」や、一九九〇年代に新宿で野宿者支援の活動として行われ、アーティストらによって担われた「ダンボールアート村」に言及し、そのクリエイティビティを高く評価する。過去の運動において知識人が担ってきた役割を、ミュージシャンやＤＪ、作家やアーティスト、社会運動の実践家といった「身の回りのちょっとした有名人であり、（…）文化的実践者」（毛利二〇〇九：一七六）であるからこそ、トップダウンでなくボトムアップの、「ストリートの思想家」から始まる文化なのだと毛利は主張する。

では、これまでに検討してきた「消費社会の担い手」である若者たちの立場と、社会運動を担うに当たって多かれ少なかれ要するであろう「対抗性」の観点から、我々は二〇一〇年代の運動をどのように考えるべきか。

三　二〇一〇年代の「若者」と社会運動組織・運動文化

二〇一〇年代、若者をめぐる経済的・社会的状況はどのような形で論じられるだろうか。自身が当事者であるにもかかわらず異議申し立てをする若者が基本的に少数であるという中西新太郎（二〇〇九）の分析は二〇〇〇年代までの日本を見たものだが、そうした傾向は大きく変わっていないであろうことが、二〇一五年ＳＳＭ調査データを分析した吉川・狭間（二〇一九）の研究により様々な角度から明らかになっている。

とりわけ本論集にある濱田（二〇一九）の研究は、若者の権威主義的尺度を用いて若者の「従順さ」を明らかにするという枠組みを用いているが、この前置きとして引用された内閣府による「平成二五年度　我が国と諸外国の若者の意識に関する調査」の結果は興味深い（濱田二〇一九）。「他人に迷惑をかけなければ何をしようと個人の自由だ」「私の参加により社会現象が少し変えられるかもしれない」のいずれの項目に関しても、先進国七カ国中で日本は最低である。二〇一三年時点においてもこうした意識が根強く存在すると考えると、中西の論じた社会の実態は大きく変化していないということになるだろう。

しかし、社会の歪みに対して声を上げる動きは確実に存在する。二〇一一年三月一一日の東日本大震災と原発事故を経て、全国的に脱原発のためのシンポジウム・学習会・デモンストレーションといった抗議行動が盛んになった。規模を広げるネット上・路上でのレイシズム運動に対して、継続的に反レイシズム・カウンター運動が行われた。こうした抗議行動よりもさらに下の世代が中心となったと言われる運動として、特定秘密保護法(二〇一四年)や安保法制(二〇一五年)に対する抗議行動がある。

先にも参照した外山は特定秘密保護法や安保法制への抗議行動を「若者」自身による運動というよりも、元々は少数であったもののメディアが単に大きく取り上げただけの運動であると指摘しているが(外山二〇一八)、大きな盛り上がりとなった脱原発運動・反レイシズム運動の流れがより下の世代である特定秘密保護法・安保法制への抗議行動に人的・戦略的な部分で受け継がれた点については認めている。そのため、二〇一一年以降の運動をめぐる一つのうねりを作った一連の動きとしては十分代表性を捉えうるものであろう。本研究では富永(二〇一七)をベースとしながら、特定秘密保護法反対運動・安保法制への抗議行動を担った「若者」たちが、消費社会における文化と対抗性についてどのような視点を持っていたのかについて考えてみたい。

第一に、一九九〇年代―二〇〇〇年代を転換期とする毛利の「ストリートの思想」との距離感である。毛利は同じく社会学者である五十嵐泰正との対談(1)において、毛利がそれまでの若者運動の一つとして捉えてきた「高円寺」の担い手から、二〇一〇年以降の若者運動が大きく文化的に転換していると評する。そこにはまず、「ニューレフト的なもの」からの脱却があるという。

毛利は「ストリートの思想」において、二〇〇〇年代の運動を多様なイッシューが集まる結節点として捉えている。ストリートの思想家たちが、ダンボールアート村や素人の乱を通じて主張したイッシューは、新自由主義という階級への対抗に留まらず性や人種といったマイノリティの生存の問題に及ぶこともあった。一方、

SEALDs（シールズ）に代表される安保法制への抗議行動の担い手たちは、あくまで安保法制に関連する政治課題へと焦点を絞って活動している。また、二〇一〇年代の運動では、いわゆる「ストリートの思想」を担ったイラク反戦運動で後景に退いていた「伝統的な知識人」が再度台頭している点も興味深いところだろう。ミュージシャンやDJ、作家やアーティストといったストリートの思想家と、それまでの左派社会運動を担ってきた伝統的知識人が一堂に会する合流点として安保法制への抗議行動があったとも考えられる。

この点において、安保法制の抗議行動を中心的に担った若者たちは、元来若者文化が持ち得るとされた「対抗性」を強調したとは言いがたい。安保法制の抗議行動を担う若者たちが発揮したのは、外山の提示した運動群に見られる「新しい社会運動」的な性格でなければ、毛利が提示した九〇年代以降の路上に見られるようなニューレフト的対抗性でもなく、あくまでシンボル・記号としての「若者」性であって、その記号にもやはり対抗性はない。どちらかといえばここでいう「若者」は、上の世代や既存の社会に抗議するという意味での対抗性というよりも、異世代をつなぐ調整としての性格が強い。こうした「調整」としての役割は、安保法制抗議行動後、彼らが携わった二〇一六年参院選における「野党共闘による選挙協力」においても発揮されている（富永二〇一九）。筆者の調査において、若者たちは年長者に対して「利用されたくない」としつつも、どこかで彼らの思う姿を演じて各種の資源を調達しよう、とする複雑な距離感を示している。

若者の対抗性は霧消し、異世代同士や異なる対抗性を持ってたたかってきた者同士をとり結ぶ「調整」の役割へと変容した。これは、先ほども紹介した濱田(二〇一九)の検討した「権威主義」尺度と関連していると解釈できる。濱田は、一九九五年と二〇一五年の若年層・壮年層を比較し、「権威ある人々には常に敬意を払うべき」という項目からそれぞれの権威主義的態度の度合いを測定する。その結果、一九九五年においては若年層の方が壮年層より権威主義的態度が弱かったものの、二〇一五年においてはその傾向が逆転するという現象を明らかにした。二〇一〇年代の社会運動に従事した若者たちも、このような心性を共有していたからこそ年長世代に対する

「対抗者」ではなく「調整者」として振る舞ったと考えられる。

一方、消費社会の担い手であるという若者の立場については、どのように二〇〇〇年代から変容したのか。ここで再び、毛利嘉孝の議論と安保法制への抗議行動について考えてみよう。毛利嘉孝は、著書の冒頭において「ストリート的」なイメージと「ストリートの思想」を弁別して考える。一見「ストリート」として論じられる、ナイキやA BATHING APEといったブランドの振り撒くイメージはあくまで「ビジネス」であり、企業は、本来のストリートが持つ政治的・経済的背景を消去しながら商品化すると毛利は指摘する（毛利二〇〇九：二二四）。対してストリートの思想は、若者たちが自らの生活からその対抗性を再度形成する営みであるという点は上記で主張した通りだ。

安保法制への抗議行動に立ち返ると、「ストリート的なイメージ」を持って運動をデザインする姿勢が従事者たちの中にある。彼らは、例えば自らが引用したあるストリートブランドのロゴやビジュアルについて、対抗文化的な意味があるのかと問われれば、本意はどうあれ「違う」と答える。むしろ彼らの日常において浸透した「ストリート的なイメージ」を戦略的に用いるという意味で、二〇一〇年の若者運動は消費社会的な「イメージ」「シンボル」を真正面から引き受け、運動の戦略に取り入れていると言えるだろう（富永二〇一七）。毛利はこうした彼らの運動戦略を的確に把握しつつ[2]、このような手段を戦略的に選択できる感覚を評して「大手企業やマスコミにでも就職していきそうな若者たち」と捉えた上で、「だからこそ広がっているのだろうし、いろいろな層からの共感も得られている」と肯定的に論じている。

最後に、二〇〇〇年代から引き続き存在する、若者の立場の不安定性、社会的弱者といった外部から与えられる若者像に関して、若者自身はどのように捉えているのか。安保法制への抗議行動において、参加者たちの多くは戦争というキータームから「当事者性」を強調したスピーチを行った（富永二〇一七）。この「当事者性」こそが、彼らがさらに生活に近い政治課題に近づく媒介であり、当該運動の独自性といえる。安保法制への抗議行動従事者は、その後、安保法制への抗議行動を直接的間接的に引き継いだ流れとして、組織として「未来のための公共」や市民シンクタンク「ReDEMOS（リデモス）」を発足した。また、安保法制に関連するイッシュー以外であっても、例えば沖縄・辺野古での抗議行動や「#MeToo」をはじめとしたフェミニズム運動、あるいは「AEQUITAS（エキタス）」に代表される労働運動、「家賃下げろデモ」（Call for Housing Democracy）など、多様な問題意識を持つ活動へとつながっている。

四　結論
——変容する消費社会の担い手たちの対抗性

本稿では、一九六八年以降の若者論が議論してきた若者運動の変容を対象とし、その中で若者を論じる際のキータームとされてきた「消費社会（消費文化）の担い手」と「対抗性」という論点がいかに扱われてきたかを、毛利嘉孝の運動文化研究や外山恒一の描いた運動史を援用しつつ、社会運動の参加者たちの振る舞いや組織戦略を検討することで明らかにした。

二〇二〇年代以降の「若者」運動はいかにして論じられるだろうか。一つの興味深い動きがある。それは、過去に社会運動に従事していた者がオルタナティブな生き方の模索として、起業や育児コミュニティ形成といった活動を積極的に推し進めていることだ（えらいてんちょう二〇一八、櫨畑二〇一八など）。二〇〇〇年代に発足された「素人の乱」と同種の活動であるが、例えばデモをしたり、学習会をしたり、といった、いわゆる集合的な社会運動をするといったことはあまりないようだ。社会運動経験者が行う、彼らの経験や人脈を培った非社会運動的な活動——つまるところ「ライフスタイル」と呼ばれるのだろうが——は、消費社会（文化）と対抗性という観点からどのように解釈され、またどのような革新可能性を持っているのか、またそこからどのような未来のビジョンが描き出せるのか、今後も継続して検討する必要があるだろう。

註

（1）「『運動』は転換したのか？——新しい市民社会はどうすれば作り出せるのか」 https://wedge.ismedia.jp/articles/-/5457 最終アクセス

2019.1.18

(2)同対談より

【参考文献】

雨宮処凛（二〇一〇）『反撃カルチャー』角川学芸出版.

安藤丈将（二〇一三）『ニューレフト運動と市民社会――「六〇年代」の思想のゆくえ』世界思想社.

だめ連編（一九九九）『だめ連宣言！』作品社.

えらいてんちょう（二〇一八）『しょぼい起業で生きていく』イースト・プレス.

福井孝宗（二〇一二）「九〇年代における若者運動『だめ連』とマスメディア」『京都大学生涯教育学・図書館情報学研究』一一：五九‐八〇.

櫨畑敦子（二〇一八）『ふつうの非婚出産――シングルマザー、新しい「かぞく」を生きる』イースト・プレス.

濱田国佑（二〇一九）「若者の従順さはどのようにして生み出されるのか」吉川徹・狭間諒多朗『分断社会と若者の今』大阪大学出版会.

橋口昌治（二〇一一）『若者の労働運動――「働かせろ」と「働かないぞ」の社会学』生活書院.

伊東久智（二〇一九）『「院外青年」運動の研究――日露戦後～第一次大戦期における若者と政治との関係史』晃洋書房.

片瀬一男（二〇一五）『若者の戦後史――軍国青年からロスジェネまで』ミネルヴァ書房.

吉川徹・狭間諒多朗（二〇一九）『分断社会と若者の今』大阪大学出版会.

木村直恵（一九九八）『〈青年〉の誕生――明治日本における政治的実践の転換』新曜社.

小谷敏（一九九三）『若者論を読む』世界思想社.

熊沢誠（二〇一〇）『働きすぎに斃れて――過労死・過労自殺の語る労働史』岩波書店.

松本哉（二〇〇八）『貧乏人大反乱』アスペクト.

宮本みち子（二〇〇二）『若者が「社会的弱者」に転落する』洋泉社.

毛利嘉孝（二〇〇九）『ストリートの思想――転換期としての一九九〇年代』ＮＨＫ出版.

中西新太郎（二〇〇九）「漂流者から航海者へ――ノンエリート青年の〈労働―生活〉経験を読み直す」中西新太郎・高山智樹編『ノンエリート青年の社会空間――働くこと、生きること、「大人になる」ということ』大月書店，一‐一二〇.

佐藤慶幸（一九九九）『現代社会学講義』有斐閣.

富永京子（二〇一七）『社会運動と若者――日常と出来事を往還する政治』ナカニシヤ出版.

富永京子（二〇一九）「社会運動における自治――『制度化』プロセスとの関連から」大賀哲・仁平典宏・山本圭編『共生社会の再構築Ⅱ デモクラシーと境界線の最定位』法律文化

社，pp122 - 139.
外山恒一（二〇一八）『改訂版　全共闘以後』イースト・プレス
山田真茂留（二〇〇九）『〈普通〉という希望』青弓社.
和崎光太郎（二〇一二）『明治の〈青年〉――立志・修養・煩悶』ミネルヴァ書房.
『思想（特集：新しい社会運動――その理論的射程）』第七三七号，一九八五年，岩波書店.

■特集　若者と社会連帯

北芝地区における若者支援事業の実践

簗瀬健二

一　はじめに

大阪府箕面市北芝地区には、「コレクティブタウン」と表される住民が主体となった豊かなまちづくりの実践があります。そしてそのまちづくりは、ＮＰＯ、部落解放運動、合同会社などの様々な活動主体が連なる「コミュニティ・マネジメント・オーガナイゼーション（ＣＭＯ）」という機構のもと、地域を経営するという視点で展開されています。また、近年では、まちづくりによって創出された地域資源や住民同士の繋がりを活用し、現代社会においてさまざまな生きづらさを感じる若者を対象とした事業へと取り組みを広げています。本稿では北芝地区のまちづくりの展開と若者支援事業について紹介します。

二　北芝地区におけるまちづくり

（一）北芝地区について

北芝地区のある箕面市は、大阪府の中で北部に位置し、人口約一三万人の大阪都市圏のベッドタウンです。この箕面市の中で北芝地区は中央部に位置し、約二〇〇世帯五〇〇人程の小さなコミュニティです。「北芝」は被差別部落であり、地図上には地名としては存在しない住民らによる呼称です。二〇一五年の同地区住民の生活実態調査では、ひとり親世帯、高齢者だけの世帯、低所得者世帯など生活に何らかの困難や課題を抱えている層も少なくなく、周辺地域外から移り住む困窮者も多く混住していることが明らかとなっています（平野二〇一六）。

（二）北芝地区のまちづくりの展開

一九六九年の同和対策措置法施行を契機に、北芝地区では住民組織である部落解放同盟北芝支部（以下、北芝支部）が結成されました。部落差別をはじめとするあらゆる人権問題に取り組んできた北芝支部の運動方針の特徴は、北芝地区に留まらず周辺地域も含めた住民主体のまちづくりをめざした点にあります。「であい・繋がり・げんき」をスローガンとし、子どもから高齢者まで、また困窮者やあらゆるマイノリティも含めて「誰もが安心して暮らし続けることのできる」地域を目指してきました。

その中で大事にしてきた手法が「つぶやきひろい」です。多世代の住民が参加するワークショップを開催し、それぞれの生活課題やまちを良くするアイディアを出し合い、それらを具体的な事業として形にしてきました。またそのようなワークショップの場だけでなく、住民と生活場面を共にしたり、道端で話したりする中で出てくる〝つぶやき〟も大事なまちのニーズとして捉えています。このように、多数ではなく一人のニーズからでも事業を創出していくボトムアップ式のまちづくりにより、住民による多様な自主グループが生まれていきました。二〇〇一年には、そのような住民によるまちづくり事業をバックアップする中間支援団体として「特定非営利活動法人暮らしづくりネットワーク北芝（以下、NPO暮らし）」が設立され、北芝地区のまちづくりはさらに活性化されていきます。住民のつぶやきから生まれた取り組みの事例を具体的に挙げると、高齢者の生きがいと働く場として公園・道路清掃などの仕事を請け負う「まかさん会」、勉強以外で子どもたちの自尊心を高めるきっかけをという想いで設立された太鼓チーム「北芝解放太鼓保存会・鼓吹」、主に高齢者を対象にした取り組みを行う「ボランティアグループがってんだ」、若者たちが地域内の御用聞きを行う「生活支援戦隊なんかしたいんジャー」、福島県の原発事故から現地の子育て世帯の保養受入れを行う「大福」、地域内の朝市にてモーニング喫茶を出店する子育て中の女性グループ「HAMAカフェ」などがあります。

また、NPO暮らしは、二〇一〇年より第二種社会福祉事業である隣保館（箕面市立萱野中央人権文化センターらいとぴあ21）の指定管理事業を受託し、総合生活相談、教育、文化・人権啓発、生涯学習などの事業を担っています。その他、生活困窮者自立支援事業の受託(二〇一八年度より就労準備支援事業のみ受託)、地域通貨「まーぶ」の発行、放課後等デイサービス「麦の子」の運営などを行っています。

さらに現在は、部落解放同盟北芝支部とNPO暮らしに加え、「萱野老人いこいの家」の指定管理事業を受託する福祉サービスグループ「よってんか」、営利団体である「イーチ合同会社」、「北芝まちづくり協議会」などの活動主体が存在し、それらが連なって「CMO」という機構を形成しています。

三　北芝地区における若者支援事業の実践

NPO暮らしは、二〇一一年度より内閣府のモデル事業であったパーソナル・サポート・サービス事業を受託し、箕面市全域に対象を広げて相談事業を展開してきたことから、ひきこもりに代表されるような支援制度の狭間にある困難な状況に置かれた若者たちと多く出会ってきました。そしてそれは北芝地区において、教育から就労への移行に困難さを抱える若者や、一旦は就労に移行するものの何らかの理由で離職してくる若者の姿とも重なっていました。しかし一方では、そのような困難な状況に置かれている若者が、地域社会の中ではまちづくりの担い手として活躍し、そしてその中で自信や本来の姿を取り戻していく姿も確認できていました。そこで二〇一四年度より、NPO暮らしは若者支援事業を立ち上げ、生活や居場所支援、また地域活動や仕事づくりなどの事業を開始しました。以下に北芝地区における若者支援事業の特徴と具体的な事業を紹介します。

(一)北芝地区の若者支援事業の特徴

北芝地区の若者支援事業は、メインターゲットを「困難な状況におかれた若者」としているものの、実際の事業利用に条件はありません。年齢、居住地、課題背景なども様々で、「被支援」という枠組みに留まらない参加者層となっています。また、支援に繋がりづらいとされる若者たちと多様な接続ルートを持っていることも特徴です。NPO暮らしが受託している相談事業の窓口としてだけでなく、教育事業を主とする他のまちづくりの取り組みから繋がることもあります。さらには、事業の内容やコンセプト自体に対する関心や共感を抱き、支援としてではなく参加を希望する若者もいます。これらのことが、事業に参加する上での「被支援者」としてのスティグマを回避し、「支援される」ことに拒否感を抱く傾向にある若者が参加しやすくなっていると考えています。

さらに、そのようにして繋がってきた若者たちに対して、経済的自立のみを目標に関っていません。若者個々人によってそれぞれ自立のかたちは異なる多様性のあるものであり、それぞれが自己決定や自己選択、一歩踏み出す挑戦をすることなどがその要素になるのではないかと考えています。

(二) 北芝地区の若者支援事業

支援の最初の段階として、生活の安定と居場所の獲得があります。衣食住が安定し、また安心できる関係性や場の獲得が最初のステップとして必要であると考えています。

生活拠点の喪失など困難な状況にある若者に対して、地域内外の人々の交流・滞在スペースとして利用されているコミュニティハウスを活用した居住支援を行っています。また経済的に食べるものにも困窮している若者に対しては、北芝地区に多数展開している「食」を通した交流の場を活用した食糧支援を行っています。どちらも地域や家庭から排除されてきた若者たちが、地域資源を活用した住まいや食の支援を通して、地域との繋がりや家族観を再獲得していくことに繋がっています。また居場所事業の一環として、社会的居場所「あおぞら」の運営をしていました。「あおぞら」には固定のプログラムが無く、若者たち自身がそれぞれの段階に応じて利用方法や頻度を決定し、またそれぞれのニーズに応じて料理、アート、スポーツなどの企画を若者自ら創出することが可能でした。その中で生活リズムを改善したり、スタッフや利用者同士のコミュニケーションの中で情報交流や対人スキルの獲得、自己覚知を深めたりする姿が見られていました。現在「あおぞら」は閉所していますが、その実践から見えてきた要素は、後述の仕事づくりや当事者発信活動へと引き継がれています。

このように生活や居場所を安定させた次の段階に、地域活動や就労体験などの社会体験への参加があります。

若者たちが地域の中で様々な人や活動と出会い、また主体的に参加するなかで適度な役割や責任を得ていくプロセスを通して、価値観や職業観、ライフスタイルの多様性、安心・承認、自己肯定感や自己効力感を獲得していくと考えています。

若者たちは、地域のお祭りや朝市の手伝い、教育事業のサポーター（ボランティア）活動、地域共済サービスの担い手になることなどを通して、被支援者から対等なまちづくりの担い手として活躍していきます。また、その動機付けや地域との繋がりをつくる仕掛けとして、NPO暮らしが発行する地域通貨「まーぶ」や地域共済制度「地域みまもり券」が循環することで機能しています。特に「まーぶ」はコンビニや大型商業施設の衣料店、喫茶店、映画館でも使用できるため、若者たちにとっても価値のあるものとなっています。

また、そのようなまちづくり事業に若者たちが参加することに加え、北芝地区内外の事業所や行政機関との連携による就労体験の場の創出にも取り組んでおり、それらを「中間的就労」としてまとめて整理したものが図1です。民間企業との連携の例としては、「株式会社アーバンリサーチ」のデッドストック衣料をアップサイクルとして再製品化する工程の中で、廃棄繊維の分別と縫製作業を、障がいを持つ若者を含む地域住民が担っている取り組みがあります。短期間からでも参加可能な就労体験の場を確保することで、スモールステップによるチャレンジが可能な仕組みを構築しています。

(三) 若者との協同による事業の創出

北芝地区では、若者たちが事業を提供されるばかりではなく、若者自らがそれぞれの「得意」「やりたい」を活かし、プログラムの創出や担い手として関わることが可能となっています。例えば、ハーブの効能に詳しい若者がオリジナルハーブティーのお店を営業するチャレンジカフェの取り組みや、業務分解の手法により特性に応じた参加が可能なコーヒー焙煎の取り組み、地域の高齢者の生活課題と就労体験を掛け合わせたなんでも屋さんの取り組みなどがあります。また若者たちの感じる生きづらさを言語化する当事者研究の取り組みは、セミナーの開催やフリーペーパー作成などを通して社会発信の活動へと発展しています。それらはそれぞれ若者たちの

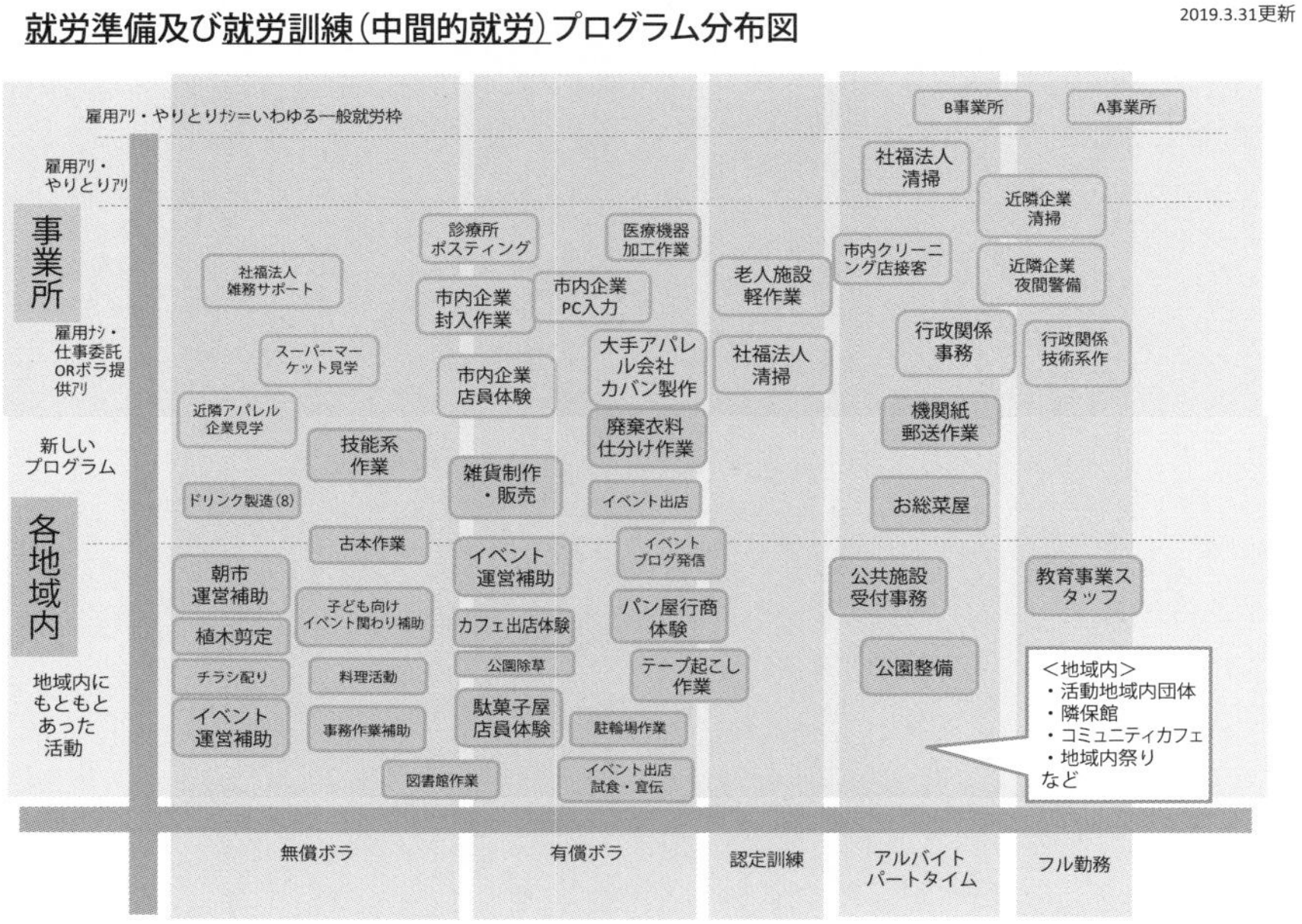

図１（箕面市パーソナル・サポート・サービス推進協議会（2013）を参考に筆者が追加・修正）

「やってみたい」「これならできる」などのつぶやきから始まっており、様々な地域の拠点や住民の協力によって成り立っています。

このように、北芝地区には困難な状況に置かれ支援される側だった若者が、地域社会との繋がりを得ながら貴重なまちづくりの担い手へと成長していき、さらには地域資源を活用して主体的に地域に参画していくプロセスがあります。またそれらは地域側にとって、若者が場を活用することでそこに新たなコミュニティが生まれており、さらに豊かなまちへと繋がっています。

四　支援事例紹介

ひきこもり状態にあった若者が、北芝地区の困窮者支援事業および若者支援事業を利用し、就労自立に至った事例を紹介します。

（一）事例概要

本事例の若者は、二〇代男性で、大学在籍時から約五年間ひきこもっていました。幼少期より父から本人・母への暴言暴力があり、また義務教育期間にはいじめ被害がありました。ひきこもりを開始してから社会との接点はまったく無く、対人場面に対しての拒否感が非常に強く、また通院はしていませんでしたが、場面緘黙や不眠などの症状を抱えていました。さらに母は義父母の介護も重なり、また別居の叔母から本人の世帯への過干渉があるなど、家庭内においてもストレスが高い状態にありました。

（二）支援経過

母からの相談で支援を開始しました。本人は対人恐怖から外出困難であり、こちらから訪問して面談することにも拒否感があったため、始めはメールでやりとりを行っていました。また並行して在宅で作業可能な中間的就労プログラムを考え、チラシ折りや封入作業など内職系のプログラムを創出し提供していきました。しかしながら支援開始から約一年経過したところで、本人からの支援拒否により、やりとりが二年ほど途絶えます。その期間は母と定期的な面談を行い、母を精神科の代理受診に繋ぐなどして本人の見立てと関わり方に対する助言を得ていました。支援拒否から二年経過した時点で本人とメールによるやりとりが再開し、そこから約半年後には本人が相談員同行のもと相談窓口へと来所できるようになりました。はじめは本人が人目につくことを嫌がり、物音に敏感に反応するなどの状態が見られたため、面談は夜間に設定され、面談時のやり取りは筆談で行われました。この時点で、支援開始から約四年が経過していました。

その後、精神科受診によって徐々に本人との関わり手を増やしていくという方針を立て、中間的就労プログラムの中で担当相談員以外の職員とも関わる場面を設定していきました。隣保館で行われるセミナーのアンケート集計や文字起こし、地域通貨「まーぶ」の集計などの事務作業をそれぞれの担当職員と一緒にやってもらいました。これらの中間的就労プログラムによって面談以外に外出することも増え、担当相談員以外の職員と接することにも慣れた段階で、社会的居場所「あおぞら」の利用も開始し、他の相談者とも交流を持つようになりました。「あおぞら」では、料理活動やコーヒー焙煎事業へ参加し、同年代の相談者との交流を深めていきますが、本人は筆談によるコミュニケーションのタイムラグが生じることにもどかしさを感じるようになっていきました。

そのようにして支援開始から約五年が経過した頃、本人が中学時代の友人からの電話で思いがけず声が出るようになりました。きっかけは別でしたが、自宅から出られるようになり、中間的就労プログラムや居場所事業への参加を通して、本人の中に自信と他者との関りに対する欲求が積み上がっていたのだと思います。

会話によるコミュニケーションが可能になったことから、社会体験の幅が広がっていきました。イーチ合同会社が運営するお惣菜屋「510Deli」の商品を地域内の各拠点に売り歩く行商をしたり、「あおぞら」やコーヒー焙煎事業の利用者と一緒に地域の朝市や夏祭りなどでコーヒーを出店したりするなどをして、地域住民にも顔が知られるようになっていきました。またそれらの不定期の中間的就労プログラムへの参加と並行し、生活困窮者自立支援法に基づく認定就労訓練事業を活用し定期的なプログラムとしての訓練も実施しました。これらによって社会スキルや就労リズムが身につき、本人の自信も深まった段階で、就職活動に向けて、市主催の就労支援講座や地域若者サポートステーションの利用に繋げました。その後、短期雇用ではありますがフルタイムでの就労が決定し、期間満了時にその事業所から長期雇用の打診が有り、現在も就労が継続しています。

（三）事例を通して

本事例には、本人のニーズ・状態に合わせた多種多様な中間的就労プログラムが活用されました。それらの多くは、北芝地区のまちづくりの取り組みの中から本人の状態に合わせ空間や内容を微調整することで創出され、そして現在も他の若者たちに合わせ微調整を重ねながら活用されています。

さらにそれらは労働市場で求められる水準を身に着けるための訓練としてではなく、本人が安心して新しい一歩にチャレンジできる場や空間を創出していくことが目的とされていました。外出が困難な状態の時は自宅内で実施できる作業、外出はできるようにはなったが対人恐怖が強い状態の時は個人で行える作業、そこから少しずつ特定の集団で実施する作業へと展開し、最終的には不特定多数の地域住民とも関わる場へと進んでいきました。その支援のプロセスは、相談員と個別の閉じた関係性の中に留まらず、居場所や当事者活動の中で当事者間の横の繋がりを持ち、そして地域参加の機会を得ていくなど、段階的に本人の繋がり（社会関係資本）を豊かにしていくものでした。その結果として自立に向けた意欲が醸成されており、北芝地区のまちづくりで培われてきた地域資源と住民との繋がりが、そのような段階的な場を提供することを可能にしていると考えています。

五　若者の地域参加

（一）支援／被支援を超える協同

北芝地区の若者支援事業が目指しているのは、若者の自立だけではなく、生きづらさの背景にある社会的排除や分断を克服し、包摂型の地域社会を形成することにあります。そのため、困難な状況に置かれた若者を地域社会から分断するのではなく、地域住民と生活場面を共にしたり、中間的な就労体験の場を通して溶け込ませていくことにより、若者が地域の中でサポートされており、また地域側としても社会課題を考えるきっかけとなっています。そしてそこで若者は何らかの役割と適度な責任を与えられ地域に参画し、一方的に支援される側から、ある場面では地域の担い手へと成長していきます。さらには提供されるばかりではなく、「主体」となって自らの居場所や役割を創出する若者もいます。その中では、若者は支援と被支援の関係性を超えて、対等なまちづくりの担い手になっており、そのようなプロセスの中でこそ、若者たちが自信や本来の姿を取り戻していくのだと考えています。そのため北芝地区の若者支援事業は、今の社会に生きづらさを感じている若者が、その社会に適合するためではなく自分らしく生きられる社会を自ら創出する実践とも言えます。

（二）安定運営・拡充に向けて

内田（二〇〇六）は北芝地区のまちづくりを「コレクティブタウン」とし、「コミュニティにおいて相互の生活支援などによって安心が確保され、世代を問わず多様な共同の居場所や機会が確保されたまち、すなわち地域が住まいの続きの機能を満たす共同居住のまち」と表現しています。北芝地区では、住民同士が生活場面を共にしたり、安心して過ごせる居場所や、誰もが何かにチャレンジできる拠点や仕組みが多数あるのです。そのような住民同士の共助によって成り立っている取り組みのため、困難な状況に置かれた若者の総数に対しては限定的であり、運営的な不安定さも抱えています。有用な点から汎用性を見出し、取り組みを広げ安定的な運営を図っていく必要があると考えています。

また、取組み自体は安定的に運営されるべきですが、その中で若者たちと関わる人材は、常に価値観を更新していく姿勢が求められると感じています。若者たちの感じる生きづらさは、社会の変化を常に反映しており、言語化・社会化されていないものも多いです。既存の生き方、働き方、考え方が、若者たちに生きづらさを感じさせている背景にあることもあります。それらは若者たちと関わる中で気づかされることであり、生きづらさを感じる若者たちが生活者として地域に生き、働き、発言することで、人材が育てられ、より豊かな多様性のあるまちへと繋がっていくのだと考えています。

【参考文献】

福原宏幸（二〇一四）「生活困窮者支援に向けたコミュニティづくりと社会的居場所づくり―箕面市・北芝の取り組みから―」、大阪市政調査会編著『自治体セーフティネット―地域と自治体ができること―』公人社

福原宏幸（二〇一七）「包摂型地域社会とコレクティブタウン北芝の取り組み」『部落解放研究』二〇七号、二一‐一九頁

平野隆之（二〇一六）「北芝地域調査報告書」『北芝実態調査研究会（二〇一六年四月二七日開催）配布資料』

北芝まんだらくらぶ編著（二〇一一）『であいがつながる人権のまちづくり―大阪・北芝まんだら物語―』明石書店

暮らしづくりネットワーク北芝（二〇一二）『コミュニティハウスを通じた住民参画型の共済・セーフティネット構築に関する調査研究事業』

同（二〇一六）『北芝若者支援ガイドブック　若者の「なんかやりたい」を地域づくりに』

同（二〇一八）『若者支援ガイドブック二〇一八　若者の生きづらさ×地域づくり』

箕面市パーソナル・サポート・サービス推進協議会（二〇一三）『箕面市パーソナル・サポート・サービス評価・検証報告書』

寺川政司・内田雄造・神吉優美・池谷啓介・中嶋三四郎・井上勉（二〇一一）「コレクティブタウン北芝のまちづくりに関

する実践的研究　コレクティブタウンの成立要因に関する基礎的研究」『住総研研究論文集』三八号、一六一 - 一七三頁
内田雄造（二〇〇六）『まちづくりとコミュニティワーク』解放出版社

■調査報告

フランスのファン団体と日本企業の新たな関係性について

――Japan Expo でのフィールドワークを通して――

板倉享平

一　緒論

（一）調査の背景

アニメや漫画、ゲームを中心として日本発のコンテンツは諸外国においても人気が高い。減少する国内需要で厳しい経済状況になった近年において、国が目をつけたのはこの海外需要である。これまでの自動車や家電といった従来型の産業に加えて、海外需要の高い日本の文化やコンテンツを利用して経済成長に繋げようというのが経済産業省の行うクールジャパン政策である。

日本のコンテンツは海外においても重要度が高い。内閣府知的財産戦略推進事務局の報告書によれば、海外市場における日本由来のコンテンツの売り上げシェアは二〇一四年の時点で全体のうち約二・五％であり、売り上げは一四一億ドルである。アニメや漫画だけではなく、音楽や映画などを含んだ全体としての日本のコンテンツ産業の売り上げは決して高いとは言いにくいだろう。

その一方で、映像産業振興機構ＶＩＰＯが行った外国人意識調査[1]によれば、欧州出身者の七五％、アジア出身者の五六・六％、北米出身者の二三・一五％が日本への興味関心を抱くきっかけとして、「アニメ・マンガ・ゲーム」を挙げている[2]。このように、特に欧州地域を中心に、日本発のコンテンツの重要性は高い。

欧州の中でも、フランスでは一九七〇年代から日本のアニメが放送されており、そのファンも多い。日本貿易振興機構が二〇〇五年に出した報告書において、仏米の日本コンテンツ市場の比較推計を行なっている[3]。二〇〇三年のアニメ映画の興行収入はフランスが一一一四万ドルであるのに対して、アメリカは二〇〇万ドルである。二〇〇四年のＤＶＤの売り上げではフランスが一億一二〇〇万ドルに対してアメリカは一億八〇〇〇万ドルである。そして、二〇〇四年の漫画売り上げはフランスが六四二五万ドルであるのに対して、アメリカが一億五〇〇〇万ドルであると提示されている。いささか古いデータではあるが、それでも人口比を考慮に入れても、いかにフランスにおける日本のアニメや漫画といったコンテンツの需要が高いかがわかる。

このようにフランスで日本のアニメや漫画が浸透した経緯には、単純にコンテンツの魅力だけではなく、それを共有・拡散した現地のファンたちの存在が欠かせなかった（清谷　一九九八＝二〇〇九）。フランスで、特に子供達の間で日本アニメの人気が出るようになると、七〇年代から欧米圏が経済・政治面で抱いていたジャパンバッシングの感情も手伝って、親世代から否定的な意見が出る。その影響力は小さくなく、フランスのテレビ局は日本アニメの放送自粛といった自主規制を行った（ブルネ　二〇一五）。

この社会的な流れに対して、フランスの日本アニメファンは自分たちで行動を始める。例えば、ファンジン（Fanzin）を発行して日本アニメに対するバッシングに対して反対意見を出したり、日本の漫画を輸入する出版社を自ら立ち上げるなど様々な活動を行ってきた（ブルネ　二〇一五）。

（二）ファンに対する視点

フランスにおける日本アニメファンの活動は局所的な活動ではなく、後のフランスにおける日本製コンテンツの立ち位置が定まるのに重要であった。このような「ファン」と呼ばれる愛好家の活動が社会に与える影響は今や少なくない。

特に現在では「ファン」の存在や活動はコンテンツの普及に関して重要な役割を占めていると認識されており、マーケティングやポピュラー文化研究の領域で注目を集めている。「参加型への旋回（participatory turn）」（Burges 2006）とも呼ばれ、ＳＮＳやユーチューバーなどに代表される「消費者生成メディア（Consumer Generated Media）」の影響力は今や既存マスメディアに勝るとも劣らない。これは企業やマスメディアといった生産者と、ユーザーやファンなどを含めた消費者の関係性が、一方向なものではなくなり、双方向的で柔軟な形態へと変化していることを示す。

一方で、ファンを含め様々な人々がインターネットやSNSを通して情報発信を行うことは、膨大な量の「感情」が溢れだしていることでもある。それらは、良くも悪くも社会の「トレンド」や「方向性」を作りだす。膨大な感情によって形作られた性向は企業などのマーケティングに利用されることもある。つまり、インターネットにおける自発的な発信行為は意図せずして「Immaterial labor（無形労働）」となって、経済システムを支えている指摘がなされる（Lazzarato 2004＝2008）。但しFraade-BlanarとGlazer(2017)によれば、現代のマーケティングがたまたまファンからの恩恵にあやかっていることも指摘される。ファンの消費行動が予測しやすいため、企業はそれを盛り上げようとすることで利益を得ようとしている。

これらの議論ではファンと企業はそれぞれを独立して想定しており、ファンはファン活動を、企業は営利活動を続けている。しかし、先述したようにフランスでの日本アニメ・漫画ファンの活動では、ファンが起業をしたり、イベントを興した結果、企業とも繋がりを持つことによって単純に「ファン活動」と「営利活動」とを分けられない事例も存在している。

（三）調査の目的・方法、及び本論の構成

そこで本論では、これまでの先行研究ではあまり重点的に研究されてこなかったファンと企業の相互作用に着目した。この調査結果から、変化を続ける両者の関係性を見つめ直し、分析をすることが本調査の目的となる。

ファン団体の中でも、ファンと企業の連携の実態を調査するためにフランスのガンダムファン団体AEUGと日本企業BANDAIの提携を事例として取り上げたい。フランスのファン団体で、日本の企業と協力関係にある団体はいくつかあるが、現時点で特に精力的に活動を行なっているのはAEUGであるので調査対象とした。

調査方法としては、二〇一八年七月五日から七月八日までフランス・パリで開催されたJapan Expo 2018へフィールドワークとして訪れ、そこに出展していたAEUGのブースを観察した。筆者は、四日間の調査期間

中ほとんどの時間をAEUGのブースで過ごし、活動を行なっていたAEUGのメンバー、及び手伝いに来ていたベルギーのガンダムファン団体Red Commetのメンバーらと頻繁にコミュニケーションを交わし、またブースに来場した人たちの反応を観察し、また短い時間ではあったが視察に訪れていたBANDAI Franceの社員にもインタビューを行った。

最後に本論の構成を簡潔に示す。二節では調査フィールドの概要として、AEUGがブースを出展していたJapan Expoというイベントがどのようなものであるのか説明をする。その上で、三節では調査対象となったガンダムファン団体AEUGの歴史や、Japan Expoでのブースについて具体的に説明する。四節では、ブースで交わされていたコミュニケーションなどの観察成果も交えながら調査結果の分析を行う。それらを踏まえて五節では全体のまとめと今後の課題について検討する。

二　調査フィールドの概要

（一）Japan Expoとは

フィールドワークの現場として、フランス・パリで毎年七月に開催されているイベント・Japan Expoを選択した。なぜなら、Japan Expoはそもそもフランスのアニメ・漫画ファンによって作られたものであり、またヨーロッパ最大のアニメ・漫画主体のイベントであるからだ。

Japan Expoは、ジャン‐フランソワ・デュフール、サンドリーヌ・デュフール、トマ・シルデという三人のフランス人の有志によって作られた。多くの人々と日本への情熱を共有したいという思いから、三人は同人雑誌を出版したり、また、Japan Expoの原型とも言える一〇〇〇～二〇〇〇人規模のアニメファンのイベントを作ってきた。そして二〇〇〇年から、漫画やアニメ、ゲームなどの日本のメディア文化と、伝統的文化やスポーツを含めた、日本を総合的に紹介するイベントとしてJapan Expoは誕生し、以降毎年開催されている。(4)二〇一八年七月五日から八日に開催されたJapan Expoでは四日間で二四万三八六四人が来場していた。

（二）Japan Expoでのフィールドワーク

このイベントは、パリ中心部から電車で四〇分ほどの郊外Nord Villpinte、シャルル・ド・ゴール空港の近くにある巨大な展示会場で行われる。このParc des expositions de Paris-Nord Villepinteは総面積が一三五ヘクタールもある巨大な会場であり、この会場内に九〇三のブースが設置され、内一四四は日本から出展されたブースであった。ブースに出展しているのはファン団体、小売業者、出版社やおもちゃ会社などのメーカー、地方自治体など様々である。

最も数が多いのは、アニメグッズなどを売っている小売業者のブースであった。売られていたものには、アニメのＤＶＤなどの映像媒体や、漫画など書籍、日本から輸入したであろう様々なアニメグッズ、日本のお菓子などの食料品、お弁当箱や食器のような日用品と多岐にわたる。販売する商品の中にいわゆるアメコミグッズを取り扱ったり、極少数の小売業者には韓国アイドルのグッズやドライフルーツを販売する店舗もあり、必ずしも「日本」と関係があるものばかりではなかった。

会場内における占有面積が比較的広く、巨大な画面や展示をしているような規模が大きなブースは企業が出展している場合がほとんどであった。おもちゃメーカーやゲーム会社といった企業の運営するブースでは、新商品の展示やゲーム体験会などの催しが大規模に行われていた。例えばフランスのアニメ配信会社が今後配信を予定している最新の映像を公開し、日本の漫画を出版している出版社ではキャラクターと写真が撮れるフォトスペースが設置してあったり、その場で漫画を購入することのできる物販スペースが設置されていた。

日本人が出展しているブースは、北関東や九州などの地方自治体が観光地としてアピールをするブース、そして伝統工芸や芸術活動をするアーティストらが出展しているブースの二種類に大きく分けられる。どちらのブースでも、フランス語が喋れる日本人はほとんどおらず、英語を使用してコミュニケーションをとっていた。また配っているチラシもフランス語訳がされていない英語表記のものが多かった。地方自治体や観光をアピールするブースでは主にチラシの配布が行われており、なにかアクテビティが用意されているブースは少なかった。「WABISABI」という伝統工芸や日本人アーティストがブースを開いているエリアでは、その場でパフォーマンスをしたり、その場で書道の実践や、作品の物販を行っていたことから、出展している日本人と、来場者の間でコミュニケーションが行われている姿も見られた。

そして、フランスの日本コンテンツファン団体が出展するブースも大きく分けて二種類あった。一つは、日本のコミックマーケットのようにオリジナルと二次創作を含んだイラストを使用した同人誌や自主制作のグッズの販売をするブースである。もう一つは、ファン団体が参加者と共にカラオケやクイズ大会などのイベントを行なっており、調査対象としていたAEUGのブースはこちらに該当する。

これ以外に会場内に一二個のステージが用意されており、それぞれで趣向の違うステージイベントが行われていた。このステージ上でのパフォーマンスはすべて同時進行で進むので、来場者は自分で見たいものを取捨選択し、時間に合わせて目的のステージを訪れていた。これらステージイベントは誰もが見ることができる。しかし、一部のステージでは間仕切りがしてあり、日本から来仏したゲストのステージなどでは入場のため並ぶ必要や座席確保のためにチケットが必要であった。

三　フランスのガンダムファン団体AEUG

（一）AEUGとは

AEUG[5]とは、フランスの「ガンダムシリーズ」[6]のファン団体である。ファンコミュニティでありながら、フランスで「ガンダムシリーズ」のファンが増えるようにJapan Expoなどのイベントでブースを出展し、精力的に活動している。

フランスにおいて「ガンダムシリーズ」に対する需要は日本国内でのそれと比べると高くない[7]。まだメジャーとは言えない「ガンダムシリーズ」の認知度を上げ、ファンを増やすことを目的としているのが、AEUGである。フランスでガンダムをより知ってもらう、ファンを増やすために「ガンダムシリーズ」がどのような作品であるか等の情報を発信している。

（二）AEUGが設立された経緯

AEUGは、フランスのガンダムファンが二〇〇五年に開設した「Cosmic-Era.com」というウェブサイトが発端となる(8)。このウェブサイトでは「ガンダムシリーズ」の情報が共有された他、ネットコミュニティとしても機能していた。同団体の代表であり、設立者であるJean-Philippe Dubrulleによればウェブサイトとして始まったこのガンダムのコミュニティは、二〇〇八年一〇月に南仏・モンペリエ近辺で行われた"Les Nouveaux Mangakas"に初めてブースを出展する。その小さなイベントでは、キャラクターを紹介するポスターと、ガンダムのプラモデル（以下「ガンプラ」と表記）を三〜四個展示するだけの簡素なものであった。「Cosmic-Era.com」はこれを機にイベントへの出展を始め、その存在はインターネットに限定されたコミュニティではなくなった。他のイベントへの参加を経験しつつ、「Cosmic-Era.com」は、フランスにて「ガンダムシリーズ」の認知度を上げ、また同シリーズがフランスにおいてよりリリースされることを要求していくためl'Association pour l'essor de l'univers Gundam（AEUG）として二〇〇九年に生まれ変わった。「Cosmic-Era.com」というウェブサイトからAEUGが組織された理由に対しJean-Philippe Dubrulleはメールでのインタビューで以下のように答えてくれた。

Jean-Philippe Dubrulle：単なるウェブサイトではなくAEUGを設立したのは、私たちをホスティングしてくれるイベント（主催者）との契約に署名するための正式な法的構造を持たなければならなかったからです。イベントへ参加するということはサービスの交換です。イベント（主催者）側は私たちに無料で場所を提供し、私たちは（イベントを）活気づけることを実現します。そしてこれらの契約に署名することは、個人であるときよりも、協会や会社のような構造を持っているとはるかに簡単に行えます。（協会という）構造を作ることは、より健全にお金を管理するための透明性を生み出しました。メンバーから会費を集めることは、協会を運営するため、また製作実演用の「ガンプラ」を買うことなどに使われます。

このような経緯でガンダムファン団体AEUGはウェブコミュニティから、現在のようなファン団体へと移行した。「ガンダムシリーズ」の世界観をどのような年齢でも、誰にでも紹介することを目的として、AEUG は精力的に活動を続けている。

Japan Expo のようなイベントでブースを出展する際には様々なアクティビティを開催したり、また出版の専門家と日本の権利者を結びつけて「ガンダムシリーズ」の様々なコンテンツがフランスでより積極的にリリースされるよう活動を行っている[9]。

続いて現在の AEUG が実際のイベントにおいて、どのような活動を行なっているのか、Japan Expo でのフィールドワークにおいて得られた調査結果を提示したい。

(三) Japan Expo2018 での AEUG の活動

AEUG のブースは他のファン団体のブースと比べても敷地面積が広い。広いブース内では三つのエリアが作られており、一〇人程度のメンバー[10]がそれぞれ担当の場所を分担して、来場者の対応を行っていた。

ブースの壁側にはメンバーが作った「ガンプラ」や「ガンダムシリーズ」を紹介するポスターがいくつか展示されていた。ブース内で最も特徴的なのは、無料で「ガンプラ」の製作を体験することができるエリアである。大きな作業机が用意されており、そこにニッパーや「ガンプラ」を塗装するためのペンが用意されて、参加者が無料で「ガンプラ」の制作を体験することができる。参加は飛び入りで可能であり、作ったプラモデルは持ち帰ることができた。また、Japan Expo 内で購入した「ガンプラ」をその場で作っている人も見受けられた。

AEUG が無料で提供する「ガンプラ」は四日間で一二〇個あり、一日あたり三〇個を限定とし、参加者らに提供していた。ここで配られていた「ガンプラ」は、日本にあるガンダムベース東京で行われている「ガンプラ」体験会で配布されているものと同じ「1/144 RX-78-2 ガンダム 組立体験会 ver.」であった。このエリアで展示されているポスターや「ガンプラ」を眺める人、また初めて製作体験に参加している人たちに AEUG のメンバーらは積極的に話しかけにいき、ガンダムをまだ知らない人たちに対してその魅力を説明していた。

その隣には、ディスプレイと椅子が設置されているエリアがある。ここでは、ガンダムの知識に関するクイズ大会、ガンダムについて車座になってファン同士が語り合うセッション、また最後の一時間でカラオケ大会が行われていた。このエリアでは来場者参加型のイベントが多く取り扱われ、クイズ大会では景品もあるために通りかかった人が参加する姿も見られた。また、カラオケではガンダムに限らない様々なアニメの歌が歌われており、ガンダムに興味がなくても参加できるような仕組みがあった。

その隣にはガンダムのゲームを体験できるエリアがあった。四台ほどのPlayStation4が設置されており、自由にガンダムのゲームを試遊できるようになっていた。Japan Expoに来場している人たちが入れ替わり、立ち替わりでゲームを試遊していた。ゲームであるからこそ、ガンダム自体の知識がなくても遊ぶことが可能であり、出展中は常に誰かが試遊をしているような最も賑わったエリアであった。

四　質的調査の分析

（一）他のファン団体との比較

他のファン団体が出展しているブースは主に机にチラシや書籍、自分たちのコレクションを並べているだけの簡素なものであるのと比べて、AEUGの用意するアクティビティは「手作り」の領域を超えている。ここまで多彩なアクテビティを行うことができている要因には、日本で「ガンプラ」を販売するメーカーであるBANDAIが関わっていることが大きい。このイベントにおいて、無料で提供していた「ガンプラ」や、展示のために利用していたガラスケース、ゲームの試遊台などはBANDAIが無償で提供していた。この日本企業との協力関係こそがファン団体であるAEUGの活動で最も特徴的な部分だと言える。AEUGは様々な援助を受けているが、その見返りとして金銭やマーケティングデータなどの提供が義務付けられてはいない。

（二）ファン団体と企業それぞれのメリットとは

BANDAIからの様々な援助はファン団体の活動をどのように変えていくのだろうか。まず、AEUGがブースで展示している自作の作品紹介のポスターやチラシの中において、オフィシャルなイラストを自由に使うことができる。通常、ファン活動の中でオフィシャルなイラストや写真を使うことには権利関係上の困難が付きまとう。

AEUGは権利者側と協力関係を結ぶことによってオフィシャルなイラストの使用許諾を得ていた。それによって、AEUGは自分たちの思い描くブースを作ることができ、また活動自体の幅を広げることができていた。

援助を行うBANDAIにとってのメリットは、ファン団体の活動が自社商品のプロモーションに繋がるからである。「ガンダムシリーズ」と「ガンプラ」はBANDAIにとって主力となるコンテンツの一つであり、近年では「ガンプラ」の海外展開と輸出に力を入れている。(11) しかし、Jean-Philippeへのインタビューによれば、フランスにおいて「ガンダムシリーズ」のようなＳＦアニメはニッチなジャンルである。つまり、「ガンダムシリーズ」の展開が日本のように成功するとは言えないリスクを抱えたままのマーケティングを行わなくてはならない。そこでファン団体による草の根的な活動を支援することによって、BANDAIは失敗のリスクを最小限に抑えていると言える。その証拠に、AEUGがマーケティングのための現地コンサルタントの役割を果たしている事実もわかっている。

AEUGは、BANDAIがフランスで「ガンダム」を売り出すためにどのようなアプローチが効果的なのかをアドバイスしている。BANDAIはAEUGのメンバーに対して、海外での新たな市場開拓をするための重要な人材としての役割を期待しているといえる。また、AEUGのメンバーは「ガンプラ」を製作した経験もあるから、必要な現地スタッフを教育するコストを避けられる。現地ファンの活動を支援することで新たな海外のファンが生まれることは、マーケティング上必要なコストを抑えながら利益を上げるという意味で、企業としてのBANDAIにとって大きなメリットであるといえよう。

また、四日間のうち一日だけであったが、AEUGのブースにはBANDAI France(12)の担当社員が一人で来ており、ブースの状況の視察をして、メンバーとコミュニケーションをとっていた。Japan ExpoではBANDAIも自前の展示ブースや、業務委託をしているが物販ブースを用意しているので、担当社員の滞在していた時間は三〇分程度であった。ファン団体の成員と担当社員との間には、友達のような親密なコミュニケーションを交わし合う人間関係が構築されていた。(13) ファン団体であるAEUGにとって、「ガンダムシリーズ」の権利を持ちながら、様々な支援をしてくれているBANDAIの立ち位置は、BANDAIが上部にいるような垂直的な関係性に陥りやすいと考えられる。しかし、現場レベルではあるが、両者の交わすコミュニケーションから見て取れる親密さには垂直的な関係を連想させなかった。むしろ親密なやり取りからは、お互いが対等な立場に立っている水平的な関係性を作り上げているように捉えられた。

五　総括

本報告では、パリで行われているイベントJapan Expoでのフィールドワークを通じて、フランスのガンダムファン団体AEUGと日本企業BANDAIの相互作用についての調査結果を提示した。

フランスのガンダムファン団体AEUGと日本企業BANDAIは、フランスで「ガンダムシリーズ」を普及させたいという共通の理念の元、綿密なコミュニケーションを交わした結果として、お互いにとって利益のある関係を作っていた。具体的には、BANDAIはAEUGに対してイベントのブースで使用する「ガンプラ」や、展示用のガラスケース、ゲームの試遊台など様々な物資を提供していた。これに対してAEUGは金銭を渡したり、例えばブースの来場者にアンケートを答えてもらいその回答データをBANDAIに提供するなどの「見返り」は必要ではなかった。BANDAIにとっては、ファン団体に現地のマーケティングスタッフの役割を任せることによって、ある程度コスト抑えながら新たな海外市場を開拓することができる。

AEUGとBANDAIはフランスで「ガンダムシリーズ」をメジャーなコンテンツにしたい、ファンを増やしたいという共通の目的の下で共に活動を行っている。その活動の中で、互いがそれぞれに払うコストと受け取るリワードは、客観的に見れば対等であるということは難しいかもしれないが、ファン団体と企業の間では合意が為されていた。お互いに納得のいく条件が獲得できていた理由には、ファンが個人としてではなく、アソシエーションたるファン団体として企業とやりとりが出来ていたからであろう。また、親密なコミュニケーションをとれるような人間関係も重要な因子として働いていたことも考えられる。それは、対等な交渉を可能とする補助機能としての役割を果たし、また現場レベルでの人間関係を豊かなものにしていた。

これらの要素はファン活動を行う上で、コンテンツの権利を所有している企業が上部になってしまう垂直的な関係性を避けて、お互いに利益を生み出すような互恵関係を築くことを可能としている。AEUG と BANDAI の関係性は、消費者と生産者という関係性が融解している近年の状況を受け止めながら、より活発化するファンの活動と、それに対する生産者の姿勢を捉えなおすためのモデルケースと見なすことができるだろう。

但し、AEUG と BANDAI は現在進行形の関係性なので、今後の進展に関しては継続的な観察が必要不可欠となる。例えば、今後「ガンダムシリーズ」がフランス国内でメジャーな、今よりもファンのいる状態になった時に AEUG と BANDAI の関係性は現在のように継続されるのか、もしくはファン団体の活動への支援が停止されるのか、今後がどのように変化するのか継続した観察が必要になるだろう。

註

（1）調査方法はインターネット経由での設問回答であり、調査地域は欧州、アジア、北米の三地域であった。有効回答者数は合計で四二〇名であり、欧州が一〇〇名、アジアが二一二名、北米が一〇八名であった。詳しくはＶＩＰＯの報告書「クールジャパン再生産のための外国人意識調査」を参照のこと。

（2）特定非営利活動法人 映像産業振興機構（ＶＩＰＯ）平成三〇年二月「クールジャパン再生産のための外国人意識調査」https://www.cao.go.jp/cool_japan/report/pdf/vision_1.pdf 最終閲覧日二〇一九年九月九日。

（3）日本貿易振興機構（JETRO）二〇〇五年三月「フランスにおける日本アニメを中心とするコンテンツの浸透状況」https://www.jetro.go.jp/ext_images/jfile/report/05001223/05001223_001_BUP_0.pdf 最終閲覧日二〇一九年九月九日

（4）Japan Expo 日本語版サイト「Japan Expo の歩み」http://www.japan-expo-france.jp/jp/menu_info/japan-expo_100676.htm 最終閲覧日二〇一八年一一月一一日

（5）AEUG とはガンダムシリーズの二作目である「機動戦士Ｚガンダム」で、主人公が属している団体と同一の名称であり、そのパロディである。

（6）「ガンダムシリーズ」とは、日本で一九七九年にテレビ放送された第一作「機動戦士ガンダム」を発端とするアニメである。現在までにテレビシリーズ、オリジナルビデオアニメーション、映画は四八作品が発表され、漫画や小説などを含めるとその数は倍まで増え、常に新しい作品が生み出されている。

（7）実際に筆者がフランスで出会った若者らと、好きなアニメは何かという話をした際に「ガンダム」に関しては知らないと答える人が圧倒的に多かった。ここではその原因については深く考察しないが、「ガンダムシリーズ」自体が一九七九年にテレビ放送が始まった第一作目から同じ時間軸上で物語が展開するためにかなり巨大な大河作品となってしまっていることや、登場人物の悪と正義が見ている人によって変わる物語の複雑性などが要因として考えられる。

（8）Cosmic-Era（コズミックイラ）とは、国内で二〇〇二年から二〇〇三年まで放送された「機動戦士ガンダムＳＥＥＤ」に出てくる架空の紀元である。

（9）AEUG公式ホームページ「PRÉSENTATION DE L·AEUG」http://www.aeug.fr/presentation-de-laeug/　最終閲覧日二〇一八年一一月一一日

（10）AEUGのメンバーが八人、残り二人はAEUGのブース運営の手伝いに来ていた、ベルギーのガンダムファン団体Red Commetの所属であった。

（11）日本経済新聞「ガンダムプラモデル　静岡に新工場」二〇一九年七月三〇日付夕刊，四（一）

（12）株式会社バンダイナムコホールディングスのグループ会社でフランスを担当している。正式名称はBANDAI S.A.S.だが、AEUGのメンバーらはBANDAI Franceと呼称していたため本文中ではそちらに準拠した。

（13）フィールドワークを行なっていたJapan ExpoのAEUGのブースにて、メンバーらとBANDAIの社員が会話をしているところを観察することができた。両者は、互いが友達同士のように気さくな会話を行なっており、AEUGメンバーの一人Guillaume VongolaにBANDAIの社員はどのような人かを質問したところ、「彼はとても気さくで話しやすい」と答えてくれた。

【参考文献】

Burgess, Jean(2006) Hearing Ordinary Voices: Cultural Studies, Vernacular Creativity and Digital Storytelling. In Journal of media & Cultural Studies. 20（2）:pp.201-214.

Lazzarato, Maurizio(2004) "Dottorato di ricerca in Scienza Tecnologia e Società, Dipartimento di Sociologia e di Scienza Politica" Università della Calabria, Renda, Italy. = 村澤真保呂、中倉智徳訳（二〇〇八）『出来事のポリティクス —— 知-政

治と新たな協働』洛北出版.
Fraade-Blanar,Zoe and M.Glazer, Aaron(2017) "Superfandom: How our Obsessions Are Changing What We Buy and Who We Are", W W Norton & Co Inc, New York. = 関美和訳(2017)『ファンダム・レボリューション：SNS時代の新たな熱狂』早川書房.
トリスタン・ブルネ（二〇一五）『水曜日のアニメが待ち遠しい』誠文堂新光社.
清谷信一（一九九八＝二〇〇九）『ル・オタク　フランスおたく物語』講談社文庫.

■特別寄稿

日本の「社会文化」のいま
―『学生と市民のための社会文化研究ハンドブック』の刊行に寄せて―

大関雅弘

はじめに

二〇一九年の全国大会で社会文化学会は二一周年を迎えた。一九九八年一一月に結成されたこの学会は、社会学、哲学、教育学、社会福祉学、文化政策学、文学、心理学、地理学、経営学、経済学、法学等の多様な分野の研究者が結集するとともに、社会的な実践の場で活躍されている方々との学術的な交流の場として発展してきた。会員数も一五〇名を超えるまでになった。

ドイツにおける社会文化運動の現場を視察することを目的にした研究集会が、一九九八年夏に初めて開催され、その後、第二回二〇一二年、第三回二〇一七年と回を重ねた。この間、「社会文化」に関する研究の蓄積も増してきた。(1) 初めてドイツの社会文化センターを訪問した時には、その活動の質の高さと量的な充実の前に圧倒され、ただただ驚くばかりであった。日本にも「社会文化」を根づかせたいという気持ちは強くあったものの、日本の現状では、「社会文化」を理念のレベルで捉えるのが精一杯ではないのかというのが、当時の会員の間でのほぼ一致した見解であった。(2)

それから二〇年経ったいま、ドイツの状況と必ずしも一致するわけではないものの、次第に「社会文化」といえる運動や活動が日本においても広範に現われ、ますます盛んになってきた。これは、先進諸国を中心に跋扈している新自由主義がもたらす諸問題に対する市民の側の取り組みが、期せずして「社会文化」を実際に必要としているからにほかならない。

こうしたことから、このたび『学生と市民のための社会文化研究ハンドブック』(以下では『ハンドブック』と略記)を刊行する運びとなった[3]。その目的は、先に述べた社会文化学会の特徴を活かして、日本社会における「社会文化」の運動・活動の現状を市民生活における諸領域に即して把握し、今後の展開に寄与することである。『ハンドブック』は、全体で八章からなり、項目数三七、コラム数一三のコンパクトなものである。それでは、各章の概要を紹介しよう[4]。

序章「生活と社会をつなぐ『社会文化』」

私たちの日常生活はどのようにして成り立っているのだろうか。生活に必要なものを手に入れるためには、お金との交換が不可欠であるように思われているが、それだけで実際の生活が成り立つわけではない。私たちの日常生活は、お金との交換では手に入らないさまざまなものによって支えられている。いま私たちが直面しているのは、従来の人間観と社会観に対するオルタナティブの必要性である。

一章「生存権・社会権の保障と社会文化」

私たちが社会生活を送るうえで生存権・社会権はなくてはならない権利である。しかし、実際にこうした権利は有効に機能しているのだろうか。有効に機能するためには、社会文化による人と人との結びつきによる実質化が必要である。これらをジェンダーと労働の関係、「障害」のある人の生存、教育のあり方、承認をめぐる闘争を通して検討していこう。

二章「地域づくりから捉える社会文化」

地域づくりが何故いま注目されるようになったのだろうか。地方自治体の行政だけでは解決のできない課題とはいったい何だろうか。地域づくりの担い手が住民自身であることを踏まえて、地域づくりの「活動」を社会文化という視角から捉えていこう。そのなかで、教育活動や地域アート活動のもつ意義も明らかになるであろう。

三章「生きるための社会文化」

不安定な時代を生きぬく若者たちによる「生きる場」づくり。かれらによる新しいつながりの模索、あるいは「居場所」づくりを社会的に支えていくにはどのようにしたらよいのであろうか。肝要な点は、物理的・経済的環境の整備に留まるのではなく、「社会のなかで生きている実感」を得られるような、文化的基盤を整備・確立していくことにある。

四章「メディア文化と社会文化」

私たちの社会生活に強い影響力を及ぼすメディア。そうしたメディアを社会文化の視角から捉えると、どのように描くことができるのであろうか。生活の場における発信者と受信者との関係、権力と主権者との関係を批判的に再創造するにはどうしたらよいのか。管理する側と抵抗する側との緊張関係のなかで、表現を共有することの意味をあらためて問う。

五章「芸術文化運動が生み出す社会文化」

芸術文化活動をどうして社会文化として捉えることができるのであろうか。それは、芸術文化活動がその「表現」を通して、新しい社会のしくみを創り出そうとする実践にほかならないからである。芸術文化が実際にどのように私たちの社会とつながっているのかを見ていこう。

六章「市民運動が紡ぐ社会文化」

「六〇年安保」とその後の「新しい社会運動」の動向は、私たちのいのちと暮らしを見直す契機となった。その後、市民運動の停滞が言われるなか、「3・11」が起き、戦後の日本社会をあらためて問い直すことになった。他方で、社会・市民運動は、様々な記録によって現在に活かされている。そこにアーカイブズのあり方を問う意義がある。

七章「『社会文化』の研究」

これまでの各章で見てきた「社会文化」という概念は、どのように定義することができるのであろうか。ここでは暫定的に試論を示す。そのうえで、「社会文化」を研究する際の基本的な事柄を述べる。また最後に、「社会文化」の視点からドイツ、韓国、アメリカの市民運動について紹介する。

一 「社会文化」概念の枠組

社会文化学会が設立された当初と二〇年以上経った現在を比べると、日本社会は大きく変化した。一九九〇年代末にはすでに新自由主義の波が押し寄せてきていたが、それによってもたらされる社会諸階層の分断化がどのような事態を引き起こすことになるかについての認識は、一部の研究者を除いて必ずしも明確であったとは言えない。しかし、現在では誰の目にもそれは明らかとなっている。またそうした分断化が引き起こしている諸問題を権威主義的・官僚主義的に解決しようとする社会統合のあり方が顕著となってきたことから、それに対抗する市民による「下から」の問題解決の取り組みが広範に現われてきた。こうした動向を踏まえるならば、「社会文化」概念は、方法としてのみならず、経験的な次元で実質的な内容に即して検討しうる地点に達したといえよう。『ハンドブック』では、市民生活にかかわる諸領域における経験的次元で「社会文化」を捉えようと試みている。

こうした試みに際して、言うまでもないことであるが、「社会文化」という概念についての一義的な定義が必要である。とはいえ、現段階では「社会文化」概念を明確に定義することは容易ではない。社会文化学会に参集した会員は、さまざまな学問諸領域に所属しており、またかかわっている具体的な取り組みも多岐にわたっている。そのため、会員の間に「社会文化」について確たる共通の認識が存在しているわけではないからである。そこで、『ハンドブック』においては、暫定的に次のような「社会文化」概念の枠組を提示する（九九頁）にとどめた[5]。

（1）現在の（日本の）社会構造のあり方と人々の社会生活の現実とを文化を媒介にして結びつけて捉える。
（2）社会生活の現実を踏まえて行われる活動や運動を当事者たちによる社会的文化的な人間関係の「形成」から捉える。
（3）そうした人間関係を「形成」していく文化が既存の社会構造を変革する重要な力になりうると捉える。

ここに示されているのは、「社会文化」概念自体ではなく、「社会文化」概念によって現在の日本社会を捉える際の枠組である。それは、市民生活におけるさまざまな取り組みを「社会文化」の視角から捉えることにより「社会文化」概念を経験的次元を踏まえて検討するための、前段階の作業であるといえる。

さて、ここに示された枠組は、端的に言えば「社会をつくる文化」についてのものである。次の二節では、『ハンドブック』の叙述を手がかりに「社会をつくる」とはどういうことなのかについて説明する。また三節では、そこに形成されている人と人との結びつきの「あり方」

について考察する。最後に、以上を踏まえて、「社会文化」という視角から現在の日本社会を捉える際の射程を示すことにより、『ハンドブック』が有する意義を明らかにしたい。

二 「社会をつくる」とは

この節では、『ハンドブック』における「項目」の叙述を、「社会をつくる」という視角から取りあげる。これらの叙述に依拠して「社会をつくる」ということが具体的にどのようなことを指すのかを明らかにする。なお、これは個々の「項目」の紹介を意図したものではないことをあらかじめお断りしておく。

二―一 社会文化に対する権利論的アプローチ

まず『ハンドブック』の一章を見ていこう。「生存権・社会権の保障と社会文化」（中西新太郎）の冒頭で、「生存権・社会権には、原理的に、社会文化的次元が埋め込まれている」（八頁）と総括的に述べられている。したがって、「生存権・社会権が具現化される」ためには、「社会文化的次元」が「不可欠」である（同右）。なぜならば、「生存権・社会権が具現化される」ためには、「生存権・社会権の内実を追求・豊富化させる運動」が必要であり、その運動は、「社会文化的内容が生存権・社会権の保障という文脈にそって権利内容として位置づけられ、確認されるプロセスである」（同右）からである。[6] 逆に言うと、そうした不断の運動がない、もしくは弱い場合には、生存権・社会権は、保障されないか、形骸化されることになろう。ここで述べられている「生存権・社会権の内実を追求・豊富化させる運動」こそが「社会をつくる」ことであるといえよう。

この「生存権・社会権の内実を追求・豊富化させる運動」について、「『障害』のある人の生存と社会文化」（林美輝）では、次のように述べられている（一二頁）。「生産性や効率性を重視する社会、あるいはさまざまな価値のあり方に対して不寛容な社会が、日々の行為の反復によって存立し」ており、これが「法制度から公共施設にいたるソフト・ハード面と相互に規定し合う中で、『障害』のある人』をはじめとする少数派を排除している」。したがって、「日々の行為の反復」に焦点を当て、それを変化させなくてはならないというのである。具体的には、「従来はネガティヴに語られてきた『障害』を、ポジティヴに意味づけるさまざまな社会文化活動（たとえば芸術活動や起業等）によって、これまでとは異なる行為の反復を作り出し、従来の価値体系を揺さぶり、錯乱させ、新たな価値を生み出す」（一三頁）ことが必要なのだというのである。ここでは、「社会をつくる」ということが、「これまでとは異なる行為の反復」を日常的に「作り出し」、「新たな価値を生み出す」ための運動のことであると捉えることができる。

『承認をめぐる闘争』としての社会文化」（赤石憲昭）では、「保育園落ちた日本死ね!!!」を例に引き、「この一人の母親の書き込みは、このような社会に対する変革を意図したものというよりは、個人の感情を吐露したものであったが、瞬く間にネット上で拡散され、同じ境遇の人をはじめとした多くの人びとの共感を呼び、社会問題となった」（一六頁）ことが述べられている。「個人の努力を越えて、承認を得られにくくしているような」（同右）社会のもとにあって、社会的承認を求める個人の行動に呼応して、「同じ境遇の人をはじめとした多くの人びとの共感」を呼び、ネットという情報装置が共鳴版になることにより、その社会が抱えている構造的な問題が顕在化し、「社会問題」が形づくられることになったのである。ここに見る「社会問題」の形成プロセスは、「社会をつくる」契機の今日的な形態の一つとして極めて重要であろう。

二―二 「地域づくり」の活動

二章「地域づくりから捉える社会文化」に移ろう。「社会をつくる」具体的な場の一つが地域社会である。その「地域づくり」が何故いま注目を浴びているのであろうか。『地域づくり活動』が注目される社会的背景」（中俣保志）において、「地域づくり活動」が注目されるようになった社会的背景は次のように説明されている。まず、二〇一一年の東日本大震災によって、被災地のみならず「近隣の大都市圏である東京を中心に」して、震災以前からみられ始めていた「都市機能や既存の都市計画上の課題や高齢社会の問題、さらには公共交通や子育て環境、生活課題の問題、過疎や限界集落の課題等が改めて見直されることになった」（二四頁）。そこに、二〇一四年の日本創成会議の提言以降の一連の政府の「地方創成」政策が重なり合いながら進行することになったというのである（二四―二五頁）。そうした動向のなかで、中俣は、「地域づくり活動」の担い手に注目し、その多様性を指摘する。そのうえで、「『地域づくり活動』の新たなる課題」（中俣保志）で、「地域づくり活動」の多様な担い手と「地方での自律性」との「複雑な対抗関係を踏まえて」、「住民自体への期待と関心が一般化しつつある点」に注目する（二六頁）。その「住民自体への期待と関心」に注目する理由として、「地域づくり活動」の多様な展開にとって、「『地域をつくること』への『当事者意識』と、さらに活動自身の目的が『人口獲得ゲーム』に陥らないための『開放性』との二点が」重要であるからだと、中俣は、小田切を引いて述べている（二七頁）。

「生活課題と地域づくり」（小木曽洋司）においては、さらに、地方分権化を基礎にして、住民と市民が「協働」によって自治に参画することの意義を説く。その意義とは何か。「グロバリゼーションや少子高齢化」によって「『標準的』人生経路」が破壊された現在、格差と貧困がもたらされる一方で、「個人が個人として生きる文化や関係の形成を生活課題として提起し、個別性の高い多様なニーズを創造している」が、「こうしたニーズは画一的な行政施策では対応できない」（二九頁）。そのため、こうしたニーズを拾い上げるには、「住民と市民の自治への参画」による「協働という方法」が必要だというのである（同右）。個々人が直面している生活課題を踏まえた多様なニーズに「協働」して取り組む、すなわち「（地域）社会をつくる」のである。自治体もその住民も、従来の受動的な住民のままでいることができなくなっている状況のもとで、「住民自体への期待と関心」が高まっているのである。

「農山村の地域づくりに向けた視座」（中川秀一）では、「国土周辺部の集落が限界状況にあるとか、地方自治体の存続が困難に直面している状況」（三〇頁）にある農山村における「地域づくり」を「人類史的な観点」から、すなわち、「都市化の時代を過ぎて、農山村は多様な価値の再創造の重要な鍵となっている」（三一頁）ことから検討する必要性を説いている。また、「教育と地域づくり」（中俣保志）では、「地方における人口減少の課題解決の点、特に総合政策の点から、教育行政が見直された事例」（三二頁）として島根県海士町を先進的事例として紹介している。「地域アート活動と地域づくり」（山田康彦）では、「本来は生活と結びついて存在していたはずの文化を、改めて人びとの手に取り戻しながら地域づくりと結びつけようとする試み」（三四頁）として、一九九〇年代以降「アートを生かして地域（まち）づくりを進めるアート・プロジェクト」（同右）について紹介している。(7)

二―三 「居場所づくり」の意味

三章「生きるための社会文化」で論じられている「居場所づくり」に即して、「社会をつくる」ことの意味について考察していこう。「不安定な時代を生きぬく若者たちの模索」（豊泉周治）では、若者が今日置かれた状況を次のように述べている。「もともと大人への不安定な移行期を生きる若者は、経済成長が停止し、個人化と階層化が進行するこの時代において、移行期のリスクに加えて、進行する個人化と階層化のリスクを、二重のリスクとして経験する最初の世代となった」（四二頁）。こうした「二重のリスクのなかで大人への道を模索する」、「移行期の」若者が、「幸不幸を問う質問に『幸せだ』と答える」、「いっけん不可解な」事態が引き起こされている理由を解き明かそうとする。豊泉は、シェアハウスに住む若者が増加していることを例に挙げて、次のような若者像を描き出す（四二―四三頁）。「そこでは所有と消費ではなく、共有と共存（シェア）に喜びや幸福を求める若者であり、個人化する社会のなかで、家族ではない異質な他者との新しいつながりを享受して暮らそうとする若者なのである」（四三頁）。こうした若者の新しい「居場所づくり」に、豊泉は、「根本的な文化変容の可能性」（同右）を見出している。

「若者の居場所づくりと文化活動――制度化の時代の〈居場所〉論へ」（滝口克典）では、行政が制度化した「居場所づくり」が「実は〈居場所づくり〉が持つダイナミズムと抵触する側面がある」（四四頁）ことを指摘している。「抵触する側面」とは何か。行政は、「特定カテゴリーの当事者経験の共通性へと活動や支援を特化させていく」が、当事者が期待している〈居場所〉には、「居合わせた人びとのさまざまなニーズが露呈して」(8)いるのである。そうした「さまざまなニーズ」を踏まえて、「困難や苦悩への感度が高いスタッフたちはそれらを敏感に察知し、拾いあげ、その解決に向けたしくみづくりに着手する」と、滝口は述べている（四五頁）。当事者の多様なニーズに対応することは行政では困難であるという指摘は、「地域づくり」でもなされていたが、そうした多様なニーズに共感し共有しうるスタッフが当事者とともに協同して「しくみづくり」をするからこそ、たんなる居場所ではなく〈居場所〉が可能になるというのである。

「生きていく場をつくる若者ソーシャルワーク」（南出吉祥）では、「ホームレス支援におけるアパート入居後の課題や就労支援における就職後の課題など、『社会的排除と孤立』の問題は、単に物理的・経済的環境のみで解決する問題ではなく、周囲の他者たちとともに場を共有していくなかで得られる『社会のなかに生きていると いう実感』の確保が不可欠である」（四八頁）と述べられている。支援活動において最も重要なことは、『社会のなかに生きているという実感』の確保」であるというのである。これは、南出によれば、「『生きる場』づくり」であり、「『若者が生きられる場を、若者たちとともにつくる』という実践指向性である」（四九頁）。その意味において、若者は、「実践の『対象』」ではなく、「『場づくり』を担う主体」として「位置づけられる」のである（同右）。また、このように「形成された場」であるからこそ、「そこにかかわってきた若者のたちのそれぞれの想いが反映され、文化が醸成されていく」ので、「その文化の力により、若者たちも学び、育っていくことが可能になるのである」（同右）。このように、支援者とともに若者たちが主体として「居場所づくり」をするなかで形成される「文化の力」が若者たち自身を成長させることに、南出は着目している。

二—四 「表現を共有する」ということ

四章「メディア文化と社会文化」に移ろう。「出版の公共性と商業出版」（清原悠）では、『暮らしの手帖』の編集長であった花森安治をとりあげて、彼の試みを「生活の場から企業と消費者の関係性、権力と主権者の関係性を批判的に再創造しよう」（五六頁）とするものであると評価している。この評価の観点は、「出版の公共性」（五七頁）とともに、社会的に「表現を共有する」メディア文化について検討する際に堅持すべき重要なポイントであろう。

『ミニコミ』というメディア」（平野泉）では、「ミニコミ性」を判断する四つの基準が示されている（五八―五九頁）が、それは「社会をつくる」ことにも当てはまるであろう。順に紹介しよう。ミニコミは、「個人が自らの経験や思想・表現を誰かと共有するためにつくり、送り手と受け手の間に共感を生み出す」のであり、送り手と受け手のあいだで「双方向のやりとりが積み重ねられていく」ことが、「人びとの間に築かれる多様な関係性の証拠になる」。ミニコミの「自律性・自由を裏打ちするのがＤＩＹ（Do-It-Yourself）の精神である」。「社会運動のミニコミ」では、「運動のメッセージを伝えるミニコミにまつわる手仕事に、運動の思想と実践を媒介する力がある」。最後に、「ネット社会は監視社会でもある。そうした時代であるからこそ、私たちは自前の小さなメディア……を手作りする能力を手放してはならない」。ここにみるように、個々人が「自らの経験や思想・表現」を他者と共有し共感することによる双方向的に形作られる「多様な関係性」によって、「手作り」の小さな集団が重層的に形成されること、すなわち「社会をつくる」ということの基本線がまとめられているのである。

「マンガ表現を共有する場――同人誌文化とオタク市場の展開」（小山昌宏）では、「同人誌制作の大半が長期的に赤字であるにもかかわらず、なぜ制作し続けるのだろうか」（六一頁）という問いを立て、それに対して次のように答えている。「同人誌活動が一般社会における競争原理によってもたらされる息苦しさとは異なる制作者間の協同、参加者間の共同による精神的安寧を得られるからに他ならない」（同右）。制作者たちが協同して場をつくり、その場に集う参加者たちのあいだに共同性が形づくられる。それが「マンガ表現を共有する場」であり、「人生になくてはならない『生きがい』を生み出す場」（同右）であるというのである。ここには、どんな「社会をつくる」ことが大切であるのか、その方向性が示唆されているといえよう。

二―五　社会とつながる芸術文化

「社会文化」の視角からすると、芸術文化がどのように社会とつながっているのかが重要な鍵となる。五章「芸術文化運動が生み出す社会文化」でこの点を見ていこう。「社会文化運動としての芸術文化運動」（山田康彦）では、ドイツの社会文化運動においては「すべての人びとに参加し創造する機会が開かれているとともに、芸術文化の質の転換を求める」こと、イギリスのコミュニティ・アートにおいては「参加者は徹底して芸術文化の主体として尊重されることによって、文化民主主義が実現される」ことが指摘されている（七二―七三頁）。人びとが芸術文化に接する仕方が個々人と社会との関係のあり方、したがって「社会をつくる」あり方を、先駆的に示しているという点が興味深い。それでは、こうした芸術文化運動と社会との具体的なつながりはどうなっているのであろうか。上記の二つの芸術文化運動に共通するのは、「表現しようとする価値はあくまで自らの心身およびコミットしている社会や生活の中にあり、そこで生まれる感覚、感情、思惟を尊重し、それらを率直に表現しようとする志向」（七三頁）であると、山田は述べている。「社会や生活の中にあ」るからこそ、芸術文化が人びとに訴える力を持つ運動になりうるのである。

「表現しようとする価値」を「社会や生活の中」に求める志向については、他の執筆者も同様に述べている。「日本の芸術文化運動としての民藝運動」（吉田正岳）では、日本における芸術文化運動として、『社会』的観点と結合した『文化』運動」である民藝運動を取りあげ、その特徴をまとめている（七六―七七頁）。また、「社会改革に関与する芸術文化運動」（加野愛）では、「芸術運動と社会運動の双方から影響を受けた」アート・アクティヴィズムが「社会的インパクトをもたらそうとする」実践例として、アメリカのアート・コレクティヴのクリティカル・アンサンブルが美術館で行った「市民参加型の遺伝子組み換えの実験」と、「東日本大震災後に反戦・反核をテーマに木版画の集団制作をはじめたA３BC（反戦・反核・木版画コレクティヴ）」を紹介している（七八―七九頁）。

「芸術文化運動が導く社会文化」（清眞人）では、「社会文化運動は、新しい生のあり方――解放的で自由なる自己実現・自己発展を求める諸個人――を可能にする社会的仕組みを産みだそうとする現場の実践者と、新しい視点とアイデアと克服すべき問題性をクリアに問題提起する理論家と、運動の情緒的・美的形態を探究するアーティストとの三者の協同運動として」（七四頁）展開されることが主張されている。ここに示された「三者の協同運動」が新たな「社会をつくる」運動として捉えられているのである。

二―六　市民運動の「いま

市民運動は、文字通り「社会をつくる」運動である。六章「市民運動が紡ぐ社会文化」の「戦後社会と市民運動」（和田悠）では、「先進国における『新しい社会運動』に呼応し」て一九六〇年代後半から台頭した日本の市民運動が、一九八〇年代の「生活保守主義とも言われる現状肯定の文化が蔓延」するなかで停滞し、一九九〇年代に入り「グローバル化のなかで人びとの間で格差と貧困が露骨に広がり、それに抗する市民運動も胎動を見せている」という戦後日本の市民運動の流れを描いている（八六―八七頁）。それに続けて、「3・11後の市民運動と社会」（清原悠）では、東日本大震災および東京電力・福島第一原子力発電所の事故が「戦後の日本社会のあり方を改めて問い直すことになった」（九二頁）ことを述べている。そのなかで、清原は、「事故の影響を『なかったことにさせない』を合言葉に」活動している「東日本土壌ベクレム測定プロジェクト」と「汚染地に住む子供への『心身の健康回復を目的として汚染が少ない地域へ移動するプログラムやその施設』の提供」を行う「保養支援」活動を紹介している（九二―九三頁）。新自由主義政策が浸透していく「いま」、市民運動は新たな局面を迎えている。ここに紹介された二つの例は、地道で継続性が問われる市民活動である。今後の課題として、社会文化運動・活動を基礎にした地道な市民運動の道筋について、社会文化学会として本格的に取り組んでいかなくてはならないであろう。

この六章では、市民運動の継承を記録という側面からも考察している。「市民運動の記録と運動経験の継承」（山嵜雅子）では、「記録することとは、運動の事実を分かち合い共通の体験にしていくことでもある」と述べ、「共同の作業からつくりあげる」なかから「呼び起される連帯感や集団への帰属意識」に注目している（八九頁）。また「社会・市民運動とアーカイブズ」（平野泉）では、「運動記録の管理・保存・公開という営み自体を社会文化運動の一側面と捉え、運動当事者・研究者・アーキビストをはじめとする多様な主体が日常的に協同し、知恵を出し合っていくことが求められている」(九一頁)と述べている。「運動記録」を媒介にして「多様な主体」が「社会をつくる」のである。このように、この両執筆者の「記録」は、たんなる過去の事実の記録ではない。「記録」は、「歴史のなかに生き生かされる社会的事象」(八八頁)であるから、社会運動の「いま」の地点からの過去との対話であり、山嵜が言うように「記録との対話と格闘」(八九頁)によってこそ「いま」に継承されうるのである。

三　人と人との結びつきの「あり方」

前節では、「社会をつくる」ということが具体的にどのようなことを指すのか、生活の諸領域に即して見てきた。それを踏まえて、この節では「社会をつくる」ということを、人と人との結びつきの「あり方」に着目して検討する。

「地域づくり」において、小木曽は、「個人が個人として生きる文化や関係の形成を生活課題として提起し、個別性の高い多様なニーズを創造している」が、「こうしたニーズは画一的な行政施策では対応できない」ので、こうしたニーズを拾い上げるには、「住民と市民の自治への参画」による「協働という方法」が必要だと述べている。ここでの「ニーズ」とは、個々人が直面している生活課題を踏まえた「多様なニーズ」のことである。滝口も、同様に、「特定カテゴリーの当事者経験の共通性へと活動や支援を特化させていく」ような行政のやり方では、当事者の期待している〈居場所〉の「さまざまなニーズ」を充たすことができないと述べている。「さまざまなニーズ」を充たすためには、「困難や苦悩への感度が高いスタッフたち」が「それらを敏感に察知し、拾いあげ、その解決に向けたしくみづくりに着手する」ことが必要であるというのである。それは、南出のいう『「生きる場」づくり』であり、「若者が生きられる場を、若者たちとともにつくる」ことであるといえよう。ここでは、若者は、「実践の『対象』」ではなく、「『場づくり』を担う主体」として「位置づけられる」。当事者である若者とスタッフは、協同して「場づくり」をすることによって「ニーズ」を充たすのである。

このように、個々人は、「地域づくり」においても「居場所づくり」においても、行政では充たすことのできない「ニーズ」、すなわち個別性の強い「多様なニーズ」を、「協同」という人と人との結びつきの「あり方」を通じて充たそうとしている。従来のように、住民を行政サービスの対象として、あるいは支援を求める当事者を受動的な対象としてみなすのではなく、それぞれ「社会をつくる」主体として、すなわち協同する主体として個々人は位置づけられているのである(9)。つまり伝統的な集団に適応し埋没する人間関係ではなく、個々人の主体的な行為とそれに基づく自覚的・意識的な人間関係が、ここでは前提とされているのである。しかも、こうした人間関係においては、「多様なニーズ」を充たすために人と人との関係がつくり続けられる。そうした関係が不断に「形成」され続ける限りにおいて「多様なニーズ」は充たされうるのである。

ところで、人と人との結びつきの「あり方」に注目するならば、当事者のあいだでの「共感」あるいは「共有」の関係が決定的に重要であることは言うまでもない。赤石は承認において「同じ境遇の人をはじめとした多くの人々の共感」が果たす役割について、豊泉は「共有と共存（シェア）の喜びや幸福を求める若者」について、平野はミニコミにおける「送り手と受け手の間」の「共感」について述べている。そもそもメディア文化や芸術文化においては、表現の共感や共有は、人と人とが結びつくうえで不可欠であろう。ただ、一九九〇年以降の「個人化」の動向のなかで、個人間の私的な（private）関係が社会的な場においても横行している点には十分に注意を払う必要がある(10)。新自由主義のもとで分断化が進むなかで、自分以外はみな「敵」という状況が生みだされ、バラバラにされた個人が即時的な「共感」によって結びつくという事態は、人びとを狭隘な人間関係（たとえば「身びいき」、「同調（圧力）」）に押し込めることになる。それゆえ、「社会をつくる」うえでの人と人との結びつきの「あり方」は、private な人間関係ではなく、social な人間関係である必要がある(11)。

この点をコミュニティとアソシエーションという図式を使って述べよう。日本の地域社会は、地域全体の課題に包括的に取り組む、従来型の町内会・自治会としてのコミュニティとして把握することができるが、他方で、近年の地域社会再生の動向のなかで地域に依拠しつつ個別の課題解決を目指すネットワーク[12]としてのアソシエーションとして把握することもできる。前者のコミュニティは、地域性に根差した温かな心情で結ばれたものと考えられているが、反面これはムラ共同体的な意識の残存にもなりうる。後者のアソシエーションは、特定の課題を解決するために、個々人の主体的参加によって自覚的な人間関係によって形成された集団、すなわち「協同」という人と人との結びつきの「あり方」による集団である。コミュニティに対して、アソシエーションは、特定の課題を解決するという目的によって組織された集団であるがゆえに、social な人間関係を築きやすい[13]。しかしそれゆえ、冷たい人間関係であるという印象を持たれることもある[14]。それは本当にそうなのであろうか。

小山は、「マンガ表現を共有する場」である同人誌活動を「制作者間の協同、参加者間の共同」であると述べている。言い換えると、制作者が「協同」して「場づくり」をし、その「場」への参加者に「共同（性）」が形成される、ということである。この点について、山嵜も「共同の作業からつくりあげる」なかから「呼び起される連帯感や集団への帰属意識」に注目している。これらを踏まえると、アソシエーションにおいても、「共同性」、すなわち「連帯感や集団への帰属意識」が形成されうるのである。加えて、アソシエーションには、それにとどまらない「力」がある。南出は、支援者とともに若者たちが主体として「居場所づくり」をするなかで形成される「文化の力」が若者たち自身を成長させることに注目している。また平野は、「私たちは自前の小さなメディア……を手作りする能力を手放してはならない」と述べている。ここで「文化の力」、「手作りする能力」として表現されているようなさまざまな「力」が「社会をつくる」うえでいかに重要なことであるのか、どんなに強調しても強調し過ぎることはないであろう。

おわりに

序章「生活と社会をつなぐ『社会文化』――新自由主義に抗するために」（池谷壽夫）では、「新自由主義は、あらゆる領域を人為的介入によって市場化・商品化しなければ存立すらままならない」（二頁）と述べ、新自由主義の特質をその存立基盤から究明している。そのうえで、「今日の新自由主義的な文化はこれまで築かれてきた社会連帯の文化を根底から破壊しようとしている」（三頁）という認識のもとに、「社会文化」と新自由主義的な文化とが「社会観と人間観をめぐる抗争」（同右）を行っていると述べている。最後に、この点について、ジェンダーの領域に即して述べていきたい。

新自由主義がもたらす社会諸階層の分断化が、労働問題とジェンダー問題とがクロスする母子世帯と高齢女性単身世帯においてどれほど深刻な事態をもたらしているのかを、「生存権としての労働とジェンダー」（池谷江理子）において具体的な数字で示して説明している（一〇一—一一頁）。これほどまでに深刻な事態に陥っているにもかかわらず、なぜ抜本的な改善策がとられずに放置されたままなのであろうか。「育児文化とジェンダー役割分業」（加野泉）では、「国際的に見ると、日本には今なおジェンダー役割分業が根強く残」（五〇頁）っており、「低所得の配偶者の扶養を優遇する社会保障制度は一九九〇年代まで拡充され続け、ジェンダー役割分業を標準とする家族モデルが維持されてきた」が、一九九〇年代以降においても「家庭のケア役割を担わず長時間労働できる男性を標準的なモデルとしていることには変わりない」ことが指摘されている（五一頁）。「ジェンダー役割分業を標準とする家族モデル」から排除され、かつ女性であることによって賃金が低く抑えられることによって、母子世帯と高齢女子単身世帯が深刻な事態に陥っているのである。

「ジェンダーとメディア」（熊谷滋子）では、メディアでの報道において日本が「旧来の性役割分業的発想を維持し続けているこっけいさ」（六七頁）が述べられているが、それほどまでに、なぜジェンダー役割分業意識が強いのであろうか。その理由を池谷壽夫は次のように述べている。「新自由主義はこれまであった共同体的な連帯の場や文化を破壊しておきながら、保守的な家族・共同体を『再創造』しなければならない」（三頁）からであると。この見解に筆者も大筋では同意するものの、多少引っかかる点がある。というのは、新自由主義によって破壊の対象になるような「共同体的な連帯の場や文化」が日本において成立したことがあったのかどうか、疑問だからである。たしかに一九七〇年代以降「保守的な家族・共同体」を打破しようとする動きはみられたが、それは「共同体的な連帯の場や文化」を形成する方向というよりは、「伝統的な家族・共同体」からの解放を求める個人（女性）の「自由」への方向であったのではないだろうか。一九九〇年代以降の新自由主義は、むしろこうした個人の「自由」に依拠して、[17]コミュニティ的な温かな心情で結ばれた家族というイデオロギー[18]に接合することにより、「保守的な家族・共同体を『再創造』」しようと図っているのではないだろうか。

いずれにしても、「新自由主義的な文化」に対して「共同体的な連帯の場や文化」、すなわち、これまでの議論を踏まえて「協同」による「場づくり」およびその文化を、対置しなくてはならないと考える点で、池谷と筆者の意見は一致している。「新自由主義にとって原理的には社会は必要ない」（二頁）というのならば、「社会」をつくろう。生活に根ざしたさまざまな文化を媒介にして協同による運動や活動をつくる文化、すなわち「社会文化」を広く根づかせていこう。

註

(1)『社会文化研究』に掲載された論文の流れを見ると、当初は、「社会文化」概念が日本社会を分析し展望するために有効であることが議論され、「社会文化」概念を「理念」として把握する傾向が強かった。またドイツをはじめとする諸外国の「社会文化」事情を紹介する論文も見られた。社会文化学会が一〇周年を迎えた頃から、新自由主義によって引き起こされている事態に正面から取り組むことになった。『社会文化研究』の特集テーマを見ると、第一〇号「脱『格差社会』への課題」、第一一号「歴史・文化の市民的継承と社会文化」、第一二号「社会文化の構想力」、第一三号「生存権と社会文化」、そして第一四号「社会権としての社会文化」である。その後、それを受けて、新自由主義による社会編成のあり方に対する批判をさまざまな生活領域における「社会文化」的な取り組みを通じて行う、経験的研究が多くみられるようになった。「社会文化」概念を、方法として論じるのみならず、生活経験に基づいた実質的内容を踏まえて検討することのできる段階に入ったのである。

(2) 拙稿「『社会文化』概念の構築に向けて」（『社会文化研究』第一三号、二〇一一年）では、ドイツで提起された「社会文化」概念を日本の社会にどのように適用するのかをめぐって、概念規定の面から整理している。本稿と合わせて一読していただければ幸いである。

（3）社会文化学会編『学生と市民のための社会文化ハンドブック』晃洋書房、二〇二〇年。以下本文中の引用頁は、本書の頁を示す。本書を刊行するにあたって、社会文化学会の運営委員を中心に「ハンドブック編集委員会」をつくり、本稿の執筆者である大関が責任者となり、山田康彦、山嵜雅子の両会員からのサポートを受けて、全体のとりまとめにあたった。

（4）各章の扉にある紹介文(筆者が作成)からの引用。なお、『ハンドブック』の読者としては、主に学生や院生を想定しているが、実践の場で活動している方やこの領域に関心のある研究者にも興味を持ってもらえるであろう。本書の刊行を機に、「社会文化」という言葉とその射程をより多くの人たちに知ってもらうことができればと考えている。

（5）編集方針については「ハンドブック編集委員会」で話し合い決定した。ただし、この「社会文化」概念の枠組は、あくまでも『ハンドブック』のための暫定的な提示であり、個々の執筆者を厳格に拘束するものではない。

（6）このような「生存権・社会権の内実を追求・豊富化させる運動」を、中西は「社会文化に対する権利論的アプローチ（八頁）と呼んでいる。

（7）とくに「地域立脚型のアート・プロジェクト」では、「当該地域の自然と人びとの生活に内在する価値を発見し、アートを通してそれらを芸術的に提示し人びとと共有する」のであるが、北川を引いて「アーティストと人びととの協同」を山田が強調している（三五頁）ことに注目したい。

（8）滝口は、こうした「さまざまなニーズ」を持つ「居合わせた人びと」の「複数の当事者性の衝突や摩擦を、〈居場所〉ではどんなふうに回避／低減している」のかに触れて、「ここでクッションの役割を果たしているのが〈文化〉というカテゴリーに分類されるような諸活動である」と述べている（四五頁）。ドイツの社会文化センターを訪問した際に筆者らが経験した、音楽、ダンス、演劇等が果たす基礎的に重要な役割をあらためて想起した次第である。

（9）協同することによる関係性を通じて、住民（当事者）は、受動的な対象者で「ある」ことから、住民（当事者）に「なる」のである。

（10）もちろん、私的な人間関係自体が問題であるというのではない。それが社会的な場に持ち込まれることが問題なのである。自分に（利害）関係がある者を優遇することを公言して憚らない政治家の「〇〇ファースト」などがその例である。

（11）ここでは、アダム・スミスのいう「第三者の立場」からみても是認されうるような「同感」を基本に据えた人間関係を想定している。「共感」のインフレ状況がみられる一方、若者たちに「公平さ」の感覚が広範にみられるようになったことは、この点で注目してよいのではないだろうか。

(12)この場合、地域住民以外のメンバーが参加することも多い。具体例として、「地域づくり活動」の担い手の多様性に言及して、中俣は、「関係人口」と「参画人口」について述べている（二六―二七頁）。

(13)アソシエーションを構成するメンバーたちがさまざまな考えを持っていたとしても、所与の課題に対してどのように解決したらよいのか話し合う過程でsocialな人間関係が形成されうる。構成メンバーたちは、課題を解決しようとする点において「対等な」関係にある。上下関係のなかで生じる「忖度」などは論外である。

(14)コミュニティにおける全人格的でprivateな人間関係が期待されているので、アソシエーションにおけるsocialな人間関係を求めると、「みずくさい」との批判を免れない。

(15)「生きるための労働文化と共同の力」（天地洋介）において、労働者の分断化については、「雇用形態や賃金体系が大きく異なるため、賃金の配分を巡って正規労働者と非正規労働者とが対立させられ、労働者間で利害が一致しないような、労務管理が行われるようになった」（四七頁）と指摘されている。労働者の分断化が、個々の労働者の利害からではなく、それを利用した「労務管理」によって人為的に作り出されている点に注意を払わなくてはならない。

(16)日本の場合には西欧とは異なった事情があると考えるが、西欧においては池谷と同様に考える。西欧の先進国における新自由主義は、戦後の福祉政策のなかで獲得されてきた「社会的連帯の文化を根底から破壊し」（三頁）、人びとの「自由」の観念に依拠しながら市場化・商品化を推し進めている。そのために分断化されバラバラに切り離された個々人を統合するために持ち出されたのが、池谷が言うように「保守的な家族・共同体」のイデオロギーである。そうした「遅れた」イデオロギーが、今日の新自由主義の局面においては、「進んだ」イデオロギーとして使われているのである。排外主義的なナショナリズムも含めた「共同体」のイデオロギーは、今日の国際社会における人びとの現実とは相容れないものであるがゆえに、イデオロギーによる「幻想」を「上から」強力に作り出すほかはない。そのため、新自由主義による社会統合は、権威主義的・官僚主義的な色彩を帯びることになる。

(17)「多様性」を後押しする風潮のなかで、個々人がバラバラの志向性を持つことが、個人の「自由」として捉えられることになる。したがって、そうした個人の「自由」によって決定がなされたことの結果については「自己責任」を負うのが当然である、という論理が広く通用していくことになる。こうして、母子世帯や高齢女子単身世帯が抱えている問題は、socialなものではなく、privateなものとみなされるようになるのである。とりもなおさず、今日求められている「自由」は、言わば「社会をつくる自由」なのである。

(18)一見すると、個人の「自由」とコミュニティ的（共同体的）

な家族観とは結びつかないように思えるが、個人の「自由」のもとでの private な主観性は、「家族は一つ」的なイデオロギーに「共感」を接合して直接的に結びつく。伝統的な家族観においては、個々人に先立って「家族」は「ある」（存在する）」ものである。個々のメンバーのあいだに形成される関係のネットワークとしての「家族」という側面は考えられていない。「家族は一つ」に対して「家族をつくる」を対置することが必要なのである。「家族をつくる」ことが定着しない限り、家族の「同調圧力」によって引き起こされる悲惨な事件は後を絶たないであろう。

学会年報『社会文化研究』投稿・編集規約

（二〇一八年一二月八日改正）

1 『社会文化研究』の性格

①『社会文化研究』は学会機関誌として、研究活動の成果を掲載する。

②研究領域は「社会文化および関連分野の研究や普及」に関するものとする。

③編集方針は、『社会文化研究』の主旨に沿い、また「新しい多元的・創造的な社会文化形成」に寄与する方向に沿って年度ごとに決定する。

④発行は年一回とする。

2 投稿の資格

①投稿の資格を有する者は、投稿申し込み時点で社会文化学会会員であること。

②投稿申し込み時点で、当該年度の会費を納入済みであること。

③前年度に投稿論文等が掲載されていない者。

3 投稿の申し込み・受付

①投稿希望者は、三月末までに編集委員会に投稿申し込みを行う。

②申し込み時に、原稿の種類、仮題、内容の概略（四〇〇字程度）を添えておくこと。

③投稿の締め切りは、五月一〇日とする。

4 投稿の条件

①原稿は『社会文化研究』の主旨に沿ったものとする。

②本誌に発表する論文等は、他に未発表のものに限る。

③原稿の種類は「論文」「研究ノート」「翻訳」「実践報告」「調査報告」「資料紹介」「書評論文」、その他編集委員会が認めたものとする。

5 原稿の分量

①原稿の資料・分量は次のとおりとする。注や参考文献、図表も字数に含める。

論文・研究ノート・翻訳――四〇字×四〇行×一三枚以内

実践報告・調査報告・資料紹介・書評論文――四〇字×

四〇行×八枚以内

6 原稿提出方法

① 原則としてメールの添付ファイルで提出すること。

② 原稿はできるだけＷｏｒｄファイルで提出すること。Ｗｏｒｄファイルを使用しない場合は、テキストファイルで提出すること。

③ 原稿提出の際には、原稿の種類を明記し、現住所、電話、Ｅメールアドレスを付記する。

7 審査の公正を期するための投稿上の注意

① 原稿には氏名、所属等を記入しないこと。

② 本文中に投稿者名が判明するような記述を行わないこと。

8 投稿原稿の審査および掲載の採否

投稿された原稿は、編集委員会が委嘱した査読者2名が投稿論文審査規約に基づき審査を行う。その結果を経て、編集委員会が原稿掲載の採否を決定し、投稿者に通知する。

9 投稿規約の改正

本規約の改正は総会において決定される。

【入会・論文投稿上の注意】

●学会に入会し会員になるための諸手続き

①入会申込書の送付

②運営委員会での入会審査・承認（二〜三週間ほどの期間を要します）

③入会承認の連絡後、当該年度の会費を納入

★①②③がすべて整った段階で「会員」としての資格・権利が発効することになりますので、学会誌投稿や全国大会自由論題発表に合わせて入会をご検討されている方は、遅くとも申し込みの一カ月前までには入会申し込み手続きを開始しておいていただけるよう、よろしくお願いします。

編集後記

第二二号の刊行が大幅に遅れてしまったこと、大変申し訳ありません。第二二回大会のサブシンポジウムでは、「大学の危機に対峙する社会文化」というテーマが掲げられましたが、この社会文化学会編集委員もご多分に漏れず、「改革」の掛け声とそれにまつわる諸業務の多忙さに追われ、編集作業に大きな穴をあけてしまいました。学会としての活動において、研究の成果・知見を世に発信していく雑誌の刊行は、研究活動それ自体の促進とともに、根幹をなす重要な業務となります。その部分が後手後手に回ってしまったこと、深くお詫び申し上げます。

また本号発刊に先立ち、『学生と市民のための社会文化研究ハンドブック』(晃洋書房、二〇二〇年)も刊行されています。本書は、学会員五〇名以上のメンバーで書き上げた「社会文化研究」最前線の内容となっておりますので、ぜひ多くの方に手に取ってもらい、社会文化研究の発展にご活用いただければと思います。さらに本号では、ハンドブック刊行において全体編集の業務を担った大関雅弘氏より、作成に込めた想いやその理念を特別寄稿のかたちで掲載していますので、そちらもご参照いただければと思います。

執筆者一覧（掲載順）

中西新太郎：関東学院大学

富永京子　：立命館大学

簗瀬健二　：特定非営利活動法人暮らしづくりネットワーク北芝

板倉亨平　：立命館大学大学院博士課程

大関雅弘　：四天王寺大学

若者と社会連帯

社会文化研究　第22号（年報）

2020年3月30日　発行　　定価　本体1,800円（税別）

編集　『社会文化研究』編集委員会

〒501-1193　岐阜市柳戸1-1

岐阜大学 地域科学部　南出研究室

TEL　058-293-3313

振替：00980-1-135128　社会文化学会

発行　社会文化学会

発売　株式会社　晃洋書房

〒615-0026　京都市右京区西院北矢掛町7

TEL　075-312-0788　　FAX　075-312-7447

振替：01040-6-32280

ISBN 978-4-7710-3370-2

ISSN 1884-2097